城郊新农村建设丛书

城郊村干部如何当好新农村建设带头人

编著者

韩 芳 王红英 李 刚

金盾出版社

内 容 提 要

本书为"城郊新农村建设丛书"的一个分册。内容包括:通过实施科技兴农、积极发展城郊型经济,切实增加农民收入;坚持以法治村,贯彻以人为本,有效开展村民自治和加强两个文明建设;不断提高干部素质和努力防止村官腐败等三个层次,共6章。适合广大农村干部学习参考,也可作为农村干部短期培训教材。

图书在版编目(CIP)数据

城郊村干部如何当好新农村建设带头人/韩芳等编著.—北京:金盾出版社,2006.3
(城郊新农村建设丛书)
ISBN 978-7-5082-3952-1

Ⅰ.城… Ⅱ.韩… Ⅲ.农村-干部-工作-基本知识-中国
Ⅳ.F325.4

中国版本图书馆 CIP 数据核字(2006)第 010042 号

金盾出版社出版、总发行
北京太平路5号(地铁万寿路站往南)
邮政编码:100036 电话:68214039 83219215
传真:68276683 网址:www.jdcbs.cn
封面印刷:北京精美彩印有限公司
正文印刷:北京天宇星印刷厂
装订:北京天宇星印刷厂
各地新华书店经销
开本:850×1168 1/32 印张:5.125 字数:124千字
2011年1月第1版第5次印刷
印数:31001—35000册 定价:8.00元

(凡购买金盾出版社的图书,如有缺页、倒页、脱页者,本社发行部负责调换)

城郊新农村建设丛书编委会

主 任
王有年　李里特

副主任
高　华　杨伟光　罗　洁

委 员
（以姓氏笔画为序）

王冬冬	王全辉	王振茹	王海龙
史亚军	叶茂林	付占芳	华玉武
刘克峰	孙素芬	李　刚	李　华
李云伏	杨　刚	吴晓川	何忠伟
张志勇	张光莲	范双喜	郑一淳
赵玉荣	秦　岭	高云峰	陶志强
寇文杰	蒋林树		

序

全面建设小康社会重点在农村,难点也在农村。党中央审时度势、高屋建瓴,适时提出了建设社会主义新农村的重大历史任务。党的十六届五中全会提出社会主义新农村建设的宏伟目标是:生产发展、生活宽裕、乡风文明、村容整洁、管理民主,这五个方面体现了经济建设、政治建设、文化建设、社会建设四位一体的发展布局,为我们清晰地勾画出了社会主义新农村的美好前景和实现途径。

多年来,以北京农学院院长王有年教授为代表的一大批长期致力于城郊农业、农民与农村问题以及都市型现代农业研究的专家、学者,一直坚持"立足京郊,服务三农"的方针,以科教文为主导战略,以科教兴村为主线,开展了形式多样的科教兴村富民活动,结合城市郊区的实际情况,摸索出了许多各具特色的解决城市郊区"三农"问题的模式与经验,取得了丰硕的成果。春江水暖鸭先知,党的十六届五中全会决议公布后,他们及时领悟到了党中央英明决策的时代内涵和作为研究"三农"问题的学者所肩负的历史使命。他们深切地感受到,城市郊区与传统意义上的农村具有不同的特点,而且,城市郊区在新农村建设,乃至实现社会主义小康社会宏伟目标方面具有举足轻重的地位。基于上述认识,从2004年4月开始,北京农学院的部分学者、专家与同样负有使命感的金盾出版社的同志们就开始研究如何编写一套体现城市郊区特点的、适合广大农村基层干部和有一定文化水平农民阅读的普及性丛书,其目的在于认真总结科教兴村的理论与实践,形成规律性认识,从而使全国的科教兴村工作水平不断提高。同时,借鉴近年来涌现出的新理论和新技术,以科教兴村为载体更好地推进城郊新农村建设步伐。因此,编委会以服务城郊新农村建设为宗旨,以强村富民为中心,围绕都市农业、结构调整、科技需求、农产品贸易、组织创新、小城镇建设等热点问题,提炼出14个专题,分别成册。

各分册作者均为工作在相关领域教学、科研第一线的中青年专家、学者,他们大多具有硕士、博士学位。他们长期致力于"三农"问题的研究,始终用自己所学的知识服务于京郊大地,把论文写在京郊大地上,对京郊乃至全国农业、农村、农民问题有着深切的感受和较多的关注,在相关领域均做出不菲成绩。在编写过程中,他们融合了北京市社科基金项目"科教兴村的理论与实证研究"取得的成果,以实际、实用、实效和突出新理念与新科技为原则,体现时代性、科学性和前瞻性,融思想的先进性、知识的可读性和实践的可操作性于一体。经过一年多的不懈努力,广泛征求各方面的意见,精益求精,几易其稿,终于完成了编写任务。功夫不负有心人,整套丛书深入浅出,通俗易懂,特色鲜明,针对性和实用性强。

我认为,建设社会主义新农村是一个长期奋斗的过程,需要付出艰苦的努力。改革开放以来,我国人民在党的领导下,凭着自己的智慧、能力和汗水,取得了经济社会发展的巨大成就,也初步走出了一条生产发展、生活富裕、生态良好的文明发展道路。广大农民群众在改革发展的实践中,迸发出无穷智慧,创造了无数奇迹。今天,我们正站在一个新起点上,我相信,这套丛书肯定会成为农村、特别是城郊农村干部与群众的好帮手,对其他地区的农村干部和群众也具有重要的指导意义。

这套丛书也为即将迎来的北京农学院五十周年华诞献上一份

重重的厚礼。我衷心祝愿,北京农学院广大师生能够传承先进文化,推广现代科技,培育新型农民,为社会主义新农村建设做出新贡献,创造辉煌成就。

农业部原副部长
中国农学会名誉会长　洪绂曾

二〇〇六年二月六日

前　言

村干部是什么"官"？我国村干部的级别最低、数量最多、差异也最大。别看村干部"小"，作用却很大。从农村土地改革、农业合作化、家庭联产承包责任制、农村城镇化到今天的社会主义新农村建设，几十年的峥嵘岁月和辉煌业绩，如同一幅逶迤而又气势磅礴、雄浑而又绚丽多彩的历史画卷，展现在我们面前。我国农村日新月异的变化，离不开数以万计村干部的辛劳耕耘。今天，如何充分发挥村干部在新农村建设中的带头作用，仍然是一个重大课题。

城郊农村是城市工业扩散和人口疏导的过渡带，是城市的副食品供应站。因此，城郊村干部不同于其他地区的村干部，有其独特的一面。为此需要更新观念，思考如何发展村级经济、如何帮助农民致富、如何提高农民的素质和观念；视野不再局限于本乡本土，而是盯在市场上、瞄在发展上；不断优化领导结构，提高领导艺术。

城郊村干部应紧紧抓住当前建设社会主义新农村的大好机遇，进一步开拓思路，切实把社会主义新农村建设思考好、谋划好，真正起好步、开好局，当好城郊农村发展的带头人。研究和探索如何把社会主义新农村建设与城镇化、工业化结合起来，用新的思路和理念建设农村、管理农村。城郊村干部要根据城郊农村的特点，着眼长远发展，搞好新农村建设，推动农村各项事业发展。

在我们的调查中发现，随着时代的迅猛发展，城郊村干部明显感觉到思想观念和知识水平与工作要求不适应，急需有针对性地提高政策法规、领导艺术、管理知识和市场经济等方面的能力，提高依法治村的本领。本书针对这些需要做到理论联系实际，既有理论指导，同时注重可读性与可操作性，以增强城郊村干部做群众工作的本领和带领群众进行社会义新农村建设的能力。

本书撰写过程中，作者进行了大量的文献阅读和实地调研，力求提高本书的实用价值。以其能够对工作在第一线的城郊村干部的实际工作有一定的指导和帮助。在内容上，突出了应用性强的特点，使读者能够在了解一些管理理论和领导艺术的同时，学会在实践中应用这些知识去解决相应的实际问题。本书可以作为村干部的培训读本，也可以供有关教学人员和实际工作者参考。

本书作者分工如下：第一章、第四章、第五章由韩芳撰写；第二章由李刚撰写；第三章、第六章由王红英撰写。最后全书由李刚统一修改定稿。由于作者水平限制，加之城郊农村工作是不断探索发展的过程，缺点和不妥之处是难免的，敬请读者和同行批评指正。

"丛书"编委会为本书的编写进行了悉心的指导，全国民主法制示范村——北京市昌平区郑各庄村的郝玉增同志和昌平区司法局的杨桂栋同志为本书提供了部分素材和照片，在此表示由衷的感谢！

编著者

2006年1月5日于北京农学院

目 录

第一章 实施科技兴农,切实增加农民收入 …………………(1)
 一、科技创业,独具慧眼……………………………………(1)
 二、转变思想、更新观念……………………………………(3)
 三、提高农民素质是实施科技兴农的关键………………(5)
 四、怎样实施科技兴农战略…………………………………(8)
 五、科技兴农成效显著………………………………………(9)

第二章 积极发展城郊型经济,千方百计促进农民增收……(12)
 一、促进城市郊区农民增收是农村工作的重中之重………(12)
 二、充分认识城市郊区在发展经济方面所具有的得天独厚
  的区位优势……………………………………………(14)
 三、城郊农村发展经济需要注意的问题……………………(15)
 四、瞄准菜篮子,占领城市农产品消费市场………………(17)
 五、发展绿色农业,全面提高农产品竞争力………………(17)
 六、发挥靠近市场的优势,加快发展农业产业化经营……(19)
 七、利用人才优势,提高农业科技水平……………………(22)
 八、积极发展生态农业………………………………………(23)
 九、积极发展生态农庄经济…………………………………(24)
 十、树立品牌意识,提高产品的竞争力……………………(26)
 十一、发展农村二、三产业,拓宽农民增收渠道…………(28)
 十二、改善城郊农民进城就业环境,不断提高劳动者素质
  ………………………………………………………(31)

第三章 坚持开展依法治村,有效开展村民自治…………(33)
 一、什么是村民自治…………………………………………(33)
 二、村民委员会是村民自治的组织形式……………………(36)
 三、村民委员会的设立、组成与任期………………………(37)

四、村民委员会的下属委员会……………………………(40)
　五、村民会议……………………………………………(41)
　六、村民委员会的选举…………………………………(47)
　七、村民委员会成员的基本准则………………………(53)
　八、村民委员会成员的补贴……………………………(55)
　九、村民委员会开展工作的基本原则…………………(55)
　十、村民委员会的主要任务……………………………(58)
　十一、村民自治必须处理好几个关系…………………(58)
　十二、坚持村务公开是开展村民自治的关键…………(60)
　十三、依法治村是开展村民自治的保障………………(60)

第四章　贯彻以人为本，加强城郊精神文明建设………(66)
　一、城郊农村社会文化"荒漠化"………………………(67)
　二、加强城郊精神文明建设迫在眉睫…………………(71)
　三、以人为本，和谐发展，加快农村精神文明建设步伐……(73)

第五章　学会领导艺术，提高城郊村干部素质…………(85)
　一、什么是领导艺术……………………………………(85)
　二、农村领导工作的特点………………………………(91)
　三、正确处理好几个关系………………………………(98)
　四、坚持原则，实事求是………………………………(104)
　五、怎样提高领导艺术…………………………………(111)
　六、农村干部素质方面存在的主要问题及其原因……(113)
　七、采取有力措施，切实提高农村基层干部的素质…(120)

第六章　积极采取有效措施，努力防止村官腐败………(127)
　一、村官腐败，影响极坏………………………………(127)
　二、防治腐败，意义重大………………………………(131)
　三、村官腐败，原因多多………………………………(132)
　四、实行村务公开是防止村官腐败的杀手锏…………(134)
　五、认真做好村干部任期和离任经济责任审计工作…(141)
　六、典型经验介绍………………………………………(144)

第一章 实施科技兴农，切实增加农民收入

一、科技创业，独具慧眼

从发展战略上看，科技兴农是我国农业摆脱落后状态，实现现代化的惟一选择。因为庞大的人口基数和极为有限的人均耕地资源，使我们没有别的路子可走。

科学技术的推广应用，对提高农业生产力水平发挥了重大作用。据中国农业科学院测算，在我国农业增长的份额中，1972～1979年科技进步的贡献率为27％，1978～1983年为35％，1992年达到40％左右。据对1976～1989年我国推广的10项重大农业技术的不完全统计，已累计增产粮食10 873万吨。1986年，旨在把科技引入农村，振兴农村经济的"星火计划"已取得丰硕成果，至1989年，已完成的5 353项星火示范项目新增产值139.8亿元，投入产出比为1∶5。可见，科技在我国农业发展中处于十分重要的战略地位。

城郊农村人多地少，随着城市建设的发展，农业收入所占比重在逐年减少。但农业仍然是城郊农村的基础产业。兴村富民要首先搞好科技兴农。

科技兴农作为一项系统工程，其实质是使以资源为基础的传统农业向以科技为基础的现代农业转化，达到不断提高劳动生产率，充分利用农业资源的目的。

在提高农民科技水平上，要把发展教育与技术培训结合起来。要做好科技兴农工作，从长远看，必须切实办好农村教育，以提高农民文化知识水平。同时，必须抓好对农民的技术培训工作。据

有关部门统计,目前,全国已有近2亿人次的农村青壮年接受了农业实用技术培训,其中200多万人达到了农民技术员的水平,还涌现出了一大批致富能手和科技示范户。从我国目前的实际来看,抓好对部分农村青年的技术培训,造就一大批"永久牌"的乡土人才和致富能人,不失为一条现实可行途径。

在农业科技成果推广上,要把科技示范与科技推广结合起来。目前中国农村的不少地区,农户对于应用科技成果,一方面,因为农民在生产中求稳求安,缺乏积极主动性;另一方面因为很多农民文化水平较低,缺乏应用科技的基础知识。所以,不少新技术、新品种、新模式很难一下子被农民所接受。要解决这个问题,除了加强宣传外,还必须搞好科技示范,让农民看得见、摸得着,用真实的效果来说服他们,解除其对成本高、风险大、技术复杂难掌握的顾虑。

在科技推广服务上,要把有偿服务与无偿服务结合起来。过去,农业科技推广基本上都是无偿服务,在资金上单靠财政拨款,使科技推广单位的服务工作缺乏应有的活力。因此,改革科技推广服务体制,引入有偿服务的竞争机制,使科技推广机构逐步向经济实体发展,增强自我发展能力,是提高科技推广应用效果的重要途径。

在科技推广体系上,要把群众协会与专业机构结合起来。农业科技成果要迅速地转化为现实的生产力,关键在于能否及时地把科技成果送到农民手中。因此,要充分发挥群众协会在科技推广应用中的能动作用,逐步形成以国家科技推广机构为骨干,与农民群众协会组织相结合、纵横交错的立体科技推广体系。

在推动科技兴农上,要把经济手段和法律手段结合起来。依靠科技进步振兴农业,这是未来农业发展的一个根本性问题。国家不仅需要有关部门制定并实施从经济上向农业科技倾斜的政策,而且要运用法律手段来保证科技兴农工作能真正得以落实。

当前,应重点解决以下三个问题:一是依法保证农业科技部门的地位。二是依法保证对农业科技投入的增加。在发展社会主义市场经济中,政府对农业科技要不断地增强支持力度,逐步改善科技人员的工作条件和生活条件。三是依法保护科技进步运行机制正常运转及从事技术开发的合法权益。要依法防范、制约、惩处以假、次、失效品和以各种骗术坑害农民的违法者。

二、转变思想,更新观念

在建立和发展社会主义市场经济中,一些旧的观念仍在束缚着人们的思想,成为农业科技发展的藩篱,严重阻碍着科技兴农工作的开展。这些旧观念主要表现在以下几个方面。

第一,轻视科学的观念。不少农民对科技兴农缺乏认识,农业生产在很大程度上尚停留在凭经验、凭感觉的阶段。在某些地区,这一观念在一些农村基层干部中也不同程度地存在着。因此,政府有关部门除了从技术、人才上抓好科技兴农工作以外,还要采取各种形式向农民广泛宣传"要致富,靠科技"的道理。

第二,轻视投入的观念。传统观念认为,农业及农业科学技术应该是低消耗部门。受这种观念的支配,长期以来,多数农民乃至村集体对农业科技的投入都少得可怜。因此,我们必须转变观念。

首先,从科技振兴农业经济的观念转变到科技振兴农村经济的观念。农业经济包含的内容一般指种植业、林业、畜牧业、渔业经济等。而农村经济所包含的内容要丰富得多,除了具有农业经济内容外,还包括农村工业、交通运输业、商业、服务业等经济内容。而且,随着农村经济的发展,农村经济的内容还将逐渐加大和丰富,其产值也将超过农业总产值。在沿海等一些发达的农村地区,乡镇企业的发展成为农村经济的重要内容和推动力量。可见,在发展农业经济的同时,大力发展乡镇企业显得尤为重要。而发展乡镇企业十分需要科学技术,需要科学管理。所以,科技兴农应该适用科技振兴包括乡镇企业在内的农村经济,不单单是振兴农业经济。

其次,从科技人才当作一般劳动力使用的观念转变到把科技人才看作是第一生产力的观念。发展农业和农村经济要靠科学技术,而科学技术要应用到农业和农村经济中去,要靠具有农业专业科技知识的各种科技人才。随着我国教育事业的发展,在农村中专业科技人才正在逐步增多,这是搞好科技兴农的力量保证。但是,目前农业院校毕业生分配到基层后,基本上是搞行政工作,很少有真正在从事农业科技推广工作的。结果一方面学非所用,造成知识和人才的浪费;另一方面,农村和农业急需科技又得不到,从而形成农业科技工序脱节的局面。要改变这种情况,关键在于:要切实解决领导对农业科技重视不够、对科技人才重视不够的问题,很好地、合理地使用农业科技人才,不能仅仅是把大中专毕业生当作一般劳动力来用。因而,应在农村树立起科技人才是第一生产力的观念。科技兴农不能只是在口头上、文件上,而是要落实到思想上、组织上、行动上,真正重视科技人才,使用好科技人才。

其三,从科技人员作为科技兴农主体的观念转变到把广大农民群众作为科技兴农主体的观念。从事农业生产和农村经济建设的主要力量,只能是广大的农民群众,因为只有他们才是农业和农村经济的主体。所以,农业要实现现代化,农村要奔小康,根本的内在动力是农民群众。只有农民群众才是农村经济改革和发展的真正创造者和推动者。科技兴农的根本动力只能是农民群众。总之,依靠科技来振兴农业和农村经济的内因是农民群众,关键是如何使科技人员头脑中的科技知识转变为农民自己的知识。

三、提高农民素质是实施科技兴农的关键

(一)提高农民素质的意义

众所周知,人才是科技兴农的关键。要想实现农业的现代化,首先必须造就高素质的农民队伍。然而,我国农村经济体制改革以来,农村人口文化素质的提高并不乐观。原因之一是,以包产到户为主体的家庭联产承包责任制,把农民个体劳动同其收入直接联系起来,农业生产关系内部的调整促进了农民长期以来被压制的生产能力的释放,使农业生产有了较大发展。但是一家一户的经营方式承担不了实用新技术、新机械的高成本。解放以来,拖拉机、插秧机等农业机械曾在不少地方广泛使用,"牛耕"逐渐消失。但改革后,又出现了生产工具倒退的现象,许多地方人力耕种日渐增加。原因之二是,乡镇企业作为农村经济发展的另一个支撑点,动员和吸收农村大量闲散资金和剩余劳动力,极大地提高了农村人口的经济效益。但是乡镇企业的生产经营比较落后,劳动生产率不高,许多乡镇企业生产仍然是以体力劳动和手工技能为载体的传统生产方式。按传统生产方式经营的乡镇企业之所以能在与城市大工业竞争中生存下来,并发展壮大,一是由于城市工业的活力不足,客观上需要灵活易变的乡镇企业拾遗补阙;二是在于国家对乡镇企业在税收上的优惠和地方政府在财政上的支持,加上农村存在大量剩余和廉价劳动力,劳动力成本低。劳动生产率较低的乡镇企业一旦成为农村经济的另一个主要来源,其对农村人口文化素质的影响就不可低估。长期以来,由于工农产品价格"剪刀差"的影响,现代工业部门和传统农业部门的劳动者同工不同酬。在城乡间封闭情形之下,由于农业剩余劳动力无法向城市工业转移,现代工业部门不合理的收入差别就转化为城乡居民经济

收入的差别。随着乡镇企业的崛起,农村一部分剩余劳动力逐渐向乡镇企业转移,乡镇企业职工享受工农产品价格"剪刀差"的好处,其收入远远超过农业劳动者。乡镇职工和农业劳动者同工不同酬,特别是乡镇企业职工的文化程度并不一定比从事农业生产的劳动者高,这样,使得农村人口中同等文化程度却因从事不同行业而产生不合理收入差别,使农村人口文化素质与其经济收入进一步脱钩。

要真正解决我国农民文化素质提高的难题,必须同时解决下面两个相互关联的问题。

一是关于农业生产的规模经营问题。农业生产只有走适度规模经营之路,才能为自觉运用科学文化知识和农业科学技术创造条件。现在多数地区的一家一户分散经营,规模狭小,农民既无能力也不需要利用先进科学技术和新机械,不少人掌握的文化知识无法转化为现实生产力,从而不能为其带来相应的经济效益,这就阻碍了农村人口文化素质的提高。因此,农业必须走规模经营之路,使以体力劳动和手工技能为主体的传统农业生产方式向以科学文化技术为载体的现代农业生产方式转变,从而推动科学文化技术在农业生产中的运用,激发农村人口学科学、学文化的积极性和主动性。

二是关于提高乡镇企业的劳动效率问题。目前在一些地区,乡镇企业主要是靠免税保护和地方财政支持等优惠政策而得以生存,加之工农产品价格"剪刀差"又人为地提高了乡镇企业的经济收益水平,这就从客观上促使这部分乡镇企业并不注重提高企业的劳动生产率。所以,从有利于经济和社会改革的角度考虑,政府必须取消对乡镇企业的一些不合理优惠政策,必须缩小工农产品价格的"剪刀差",促使乡镇企业提高劳动生产率。而要提高劳动生产率,乡镇企业则必须加强科学技术在生产中的应用,从而为农村人口科学文化知识的应用提供环境,促进农村人口文化素质进一步提高。

(二) 如何提高农民素质

一方面,科技兴农需要大量人才。建立一支规模宏大,实力雄厚的农业科技队伍是促进我国农业发展,改革整个农村社会面貌的关键。首先,我国农民科学文化素质较低,推广农业技术阻力大、困难多。国家统计局的调查结果表明,我国农村劳动力中,1989年文盲半文盲占总数的22.57%,比1985年下降5.3个百分点。在各省、自治区、直辖市之间农村劳动力文化程度发展还很不平衡。从我国四种特殊地区的农村劳动力文化程度看,除直辖市郊区的农民文化程度高于全国平均水平外,其他老少边区的农民文化程度都低于全国水平。从东部、中部和西部三大经济地带观察,东部和中部地带的劳动力已经超过小学毕业的文化程度,而西部地带尚未达到小学毕业文化程度。从一定意义上说推广农业技术的过程实际上是教育农民的过程。其次,我国农业基础薄弱,要实现农业生产社会化、商品化、现代化,由粗放经营过渡到集约经营,建立高产、优质、高效、低耗的农业生产体系,任务十分艰巨。加上农业技术自身有着试验性强、操作性强、生产周期长、推广面积大、占用人员多等方面的特点,这就更需要大量的科技人员。

另一方面,我国农业科技人员极少,在推广应用技术上更是人才奇缺。农村科技队伍的状况并不乐观:一是人员少;二是留不住。

由此可见,农业科技人员严重缺乏,已严重阻碍着我国农业的发展,成为实现科技兴农战略的"瓶颈"问题。农业发展,一靠政策、二靠科技、三靠投入。靠科技,必须有个支撑点,这个支撑点就是农业科技人才。因为再好的农业科技成果,在没有得到推广之前也只能是一种潜在的生产力。只有在推广过程中为广大农民所掌握并应用到生产中去,才能转化为现实生产力,才能作为一种能量,在提高现有耕地生产潜力中得以真正释放。联合国粮农组织曾提出,到2000年,发展中国家为维持供需平衡而需要粮食翻一番的目标中,最起码有70%以上要通过运用先进科学技术增加单位面积产量来谋求实现。正因为我国是发展中国家,同时有很多地区还在使用落后的技术基础、传统的劳动方式和生产方法,所以只能通过农业科技人才这一"支撑点"来推进农业产量的提高。

从1986年开始,中国科协会同有关部门制定了以提高农村劳动力素质、使其掌握一两门实用技术为总目标的"农村青年实用技术培训规划",并采取多种形式,在全国农村开展了多门类、多层次的实用技术系列培训活动,造就了相当一批乡土科技人才和致富能人。这些科技能人在带动群众奔向富裕的道路上发挥了重要作用。实践证明,农村青年是我国今后农业稳步发展和农村富裕繁荣的希望,大批有知识、富有创新精神的青年农民,将是实现科技兴农战略的主力军。因此,当前要加强对农村青年的技术培训工作,使科技兴农的战略得以真正实现。

四、怎样实施科技兴农战略

邓小平作为改革开放的总设计师,以敏锐的战略眼光始终注视着当代科学技术的新进展,注视着科学技术的发展对世界政治、经济、军事等各方面以及对我国的国家安全、政治地位和人民生活带来的巨大影响,明确地提出了科学技术必须走在前面的战略思想,强调要用科学技术的高速发展促进国民经济的高速发展。这一战略思想充分体现了"科学技术是第一生产力"的思想精髓,是实施科技兴农战略的重要指导原则。

近年来,农业科技革命成为世界高科技中令人瞩目的重要领域,有力地推动了我国的农业现代化建设。邓小平同志关于农业最终要由生物工程和尖端技术解决问题的科学论断,准确地预言了当今世界农业科技革命对农业发展的影响。新的农业科技革命是当今农业科学技术的主战场。大力推进农业科技革命不仅有利于实现邓小平关于我国要在高科技领域占有一席之地的要求,更重要的是有利于从整体上推进我国农业科技研究跨上一个新的台阶,促进我国农业生产由传统农业向现代农业的转变,从根本上改变我国农业面貌。

总之,我们要通过农业产业结构的调整,加快农村小城镇建设,加强农科教结合和农技推广队伍建设,促进农业产业化经营,积极实施农民专业合作经济组织等战略措施,把科技兴农工作落到实处,促进我国农业和农村经济的可持续发展。

五、科技兴农成效显著

村是我国农村最基层的乡(镇)政权与农民的结合部,村域经济是我国农村社会经济发展的基础。科技兴村工作的实践表明,依靠科技教育振兴村域经济,是落实科教兴农战略的一个行之有效的切入点,是解决当前我国农村稳定、农业增效、农民增收等问题的有效途径。

党支部、村委会作为连接政府与农户的基层组织,起着承上启下的组织、协调和管理作用。村不仅是推广科技成果、发展农村经济的基本群体,而且是农村精神文明建设和公益事业的组织单元。村域经济是我国农村经济发展的基础。因此,通过科技振兴村域经济是振兴我国农村经济,促进国民经济可持续发展的有效措施,是落实科教兴农战略的一个基本切入点。

贫困地区人民群众的贫困是现象,经济落后是原因,农民科学文化素质差是本质。各国的经济发展经验证明,教育和科技的投入是高效益的投入。把农村经济发展转移到依靠科技进步和提高农村劳动者素质上来,既是扶贫攻坚的根本性措施,也是全面推进农村小康建设的重要内容。

实现农业产业化,必须有计划、有组织地进行引导。实施科技兴村计划,以村为基础,有利于把分散的小规模经营农户组织起来,发展规模经营和集约化经营;有利于结合村域资源优势,培育具有市场潜力的主导产业。以村为基础,易于建立符合村民需要,具有自我发展优势的村域社会化服务体系,增强村民抵御市场风险的能力。

农村是多部门服务的领域,农民是多部门服务的对象。各部门发挥自身的优势,形成了许多为农业、农村和农民服务的机构和组织体系。由于条块分割的管理体制,到村一级,这些机构和体系未能形成合力。实施科技兴村计划,有利于把农业、科技、教育等各方面的力量形成合力,使人力、物力、财力资源优化配置,优势互补。

在建立社会主义市场经济的条件下,广大农民不仅要肯干,而且要会干。实施科技兴农计划有利于发挥科技人员的作用,使农业科学技术进村入户;有利于调动农民的生产积极性,发挥主体作用,从而使科技、教育服务于农业和农村经济真正落到实处。

科技兴农计划显著地改善了试点村的生产、生活、生态条件,提高了当地农民劳动者的科技文化素质,增强了科技意识,增加了农业生产的科技含量,改善了当地农民的生活质量,扩大了农民的信息交流;促进了村域建设的规范化,加大了对生态环境的投入,实现了农业、农村经济的可持续发展。同时形成了"兴科技、学科技、用科技"的热潮,带来了社会主义精神文明的新风貌。

实践证明,科技兴农工作是科教兴国和可持续发展战略的重要组成部分;是着力解决农业增产、农民增收、农村稳定,促进区域经济发展的有效途径;是充分发挥科技人员智慧和作用,进一步解放和发展农村生产力的重大举措。这项工作领导有抓头、科技人员有干头、农民有甜头,对于贯彻落实科学发展观,实现城乡社会

第一章 实施科技兴农,切实增加农民收入

和谐发展有重要意义。它有利于加快实现我国农业和农村跨世纪发展目标,全面推进农村小康社会建设。依靠科技和教育建设社会主义新农村,是我国实现农业、农民和农村现代化的必由之路。

第二章 积极发展城郊型经济，千方百计促进农民增收

一、促进城市郊区农民增收是农村工作的重中之重

近年来，在党的正确领导下，农村经济稳步发展，农村改革稳步推进，农民收入稳步增加，农村社会继续保持稳定。但同时也应当清醒地看到，当前农业和农村发展中还存在着许多矛盾和问题，突出的是农民增收困难。全国农民人均纯收入连续多年增长缓慢，许多纯农户的收入持续徘徊甚至下降，城乡居民收入差距仍在不断扩大。农民收入长期上不去，不仅影响农民生活水平提高，而且影响粮食生产和农产品供给；不仅制约农村经济发展，而且制约整个国民经济增长；不仅关系农村社会进步，而且关系全面建设小康社会目标的实现；不仅是重大的经济问题，而且是重大的政治问题。我国古代著名政治家管仲曾经说过一句至理名言："衣食足则知荣辱，仓廪实则知礼节"。农民增收困难导致贫困家庭增多，严重影响了农村社会的稳定，中国80%的人口生活在农村，农村乱则全国乱，农村治则全国治。更为重要的是，我们党的奋斗目标是实现小康社会理想，最终实现共同富裕。幅员辽阔的农村不能实现经济的快速发展，特别是具有区位优势的城市郊区不能率先实现小康社会理想，那么，共同富裕只能是黄粱一梦。

城市郊区在建设小康社会方面要先行一步，其意义是深远的。意义之一是城市发展的需要。由于城市规模日益扩展，城市自身存在的一些问题如交通拥堵、环境污染等日益显现，城市郊区化是解决这些问题的必由之路。郊区与城市的联系日益紧密，郊区的发展为城市的发展提供了广阔的空间。意义之二是我国经济发展

第二章 积极发展城郊型经济,千方百计促进农民增收

的战略需要。要实现国民经济持续、稳定、协调发展的目标,必须扩大市场有效需求,拉动经济增长。启动广阔的农村市场是促进我国经济走出低谷的强劲动力源,而城市郊区特殊的区位优势又为这一策略的实现提供了充分的保障。可见,发展郊区经济对于促进整个国民经济良性循环和城乡关系的良性互动,实现国民经济的可持续发展,具有十分重要的现实意义。意义之三是带动广大农村的发展。我们的最终目标是实现共同富裕,郊区是联系城市与农村的纽带,通过郊区实现信息交流、实现物流与人力资源的流通,从而带动广大边远农村的发展。

全国十大名村之一的韩村河村就是利用位于首都郊区的区位优势,发展农村经济的典型。韩村河村位于北京市西南 40 公里处。改革开放前,韩村河村是出了名的穷村子,人称"寒心河"。改革开放 27 年来,韩村河村党委在田雄的带领下,全面贯彻党的基本路线,始终坚持村党组织的先进性建设,以建筑业为龙头,坚持走多产业联动发展的道路,使该村从贫穷落后走向富裕文明。建筑业是韩村河的主业。经过 27 年的市场磨炼与艰苦拼搏,韩村河建筑队已发展成为具有国家特级资质,集建筑、市政、水利、公路、施工及设计、开发、建材等于一体的大型企业集团——韩建集团。下属 100 多个项目经理部,职工全员最高达 5 万人。总资产 26 亿元,年开、竣工面积 300 万平方米,最高年产值达 30 亿元,实现利税 2 亿元。利用建筑业逐步积累起来的资金,坚持向农业投资,逐步实现了农业现代化。村里先后为农业投资 1 000 多万元,实现了从种到收全过程的机械化作业,彻底改变了农民"面朝黄土背朝天"的古老耕种方式;实现了土地集体管理,联产承包,规模经营;及时按市场需求,发展高产、高效、优质农业;不断调整农业结构。并投入 5.3 亿元建设韩村河新村,彻底改善了村容村貌,改善了群

城郊村干部如何当好新农村建设带头人

众的居住条件,推进了韩村河城市化进程至关重要的一步。*

党中央历来十分重视农村的经济发展和农民增收的问题。几乎在每年的年初都会召开农村工作会议,反复强调全党必须从贯彻"三个代表"重要思想,实现好、维护好、发展好广大农民群众根本利益的高度,进一步增强做好农民增收工作的紧迫感和主动性。2005年10月召开的十六届五中全会进一步强调指出:"建设社会主义新农村是我国现代化进程中的重大历史任务,要按照生产发展、生活宽裕、乡风文明、村容整洁、管理民主的要求,扎实稳步地加以推进。要统筹城乡经济社会发展,推进现代农业建设,全面深化农村改革,大力发展农村公共事业,千方百计增加农民收入"。加快社会主义新农村建设是"十一五"的一项重要内容,生活宽裕、乡风文明、村容整洁、管理民主是新农村建设的目标,而实现目标的关键是生产发展。我们可以说,生产发展不快,一切都将等于零。党的十六届五中全会为包括城市郊区在内的新农村建设指明了方向,作为农村基层干部要认真贯彻十六届五中全会精神,扎扎实实地带领群众奔小康。

二、充分认识城市郊区在发展经济方面所具有的得天独厚的区位优势

城市郊区在经济发展方面具有很多得天独厚的区位优势,如交通便利,商品流通快捷;有地域广阔的野外空间;流动人口多,公众消费量大;信息传递迅速,便于开拓和抢占有利市场;有文化素质较高、接受能力强的新型农民;便于农业高科技人才与技术的对接以及农业经济资本的注入,等等。特别是随着城市扩张速度的加快,这种优势越发明显。鉴于城市郊区的区位优势,处在城乡结合部的城郊成为我国发展最快的地方。中国城郊经济研究会会长

---

* 贾克忠,柯廷.《韩村河当选中国十大名村》.建设市场报,2005—12—07

第二章 积极发展城郊型经济,千方百计促进农民增收

包永江指出,城郊区域经济确实已成为我国经济发展的一个亮点。20世纪80年代末,中国城郊经济研究会曾对我国11个大中城市的168个郊区、县进行统计调查,结果表明:改革开放以来,我国城郊地区的经济增长率持续高于它所依托的城市的经济增长率,更高于周边的农村地区。近10多年来,根据对一些优秀郊区、县经济情况的分析,它们一般都保持着两位数的增长率。根据2004年对京、津、沪等18个大中城市的68个郊区、县进行统计指标分析,结果表明,这些郊区、县人口与面积分别占全国比重的3.72%和0.76%,但是2003年地方生产总值、工业总产值、社会消费品零售总额、区(县)级财政收入、全社会固定资产投资总额五项指标分别占全国相应指标比重的10.02%,16.38%,8.75%,4.44%和9.48%。* 正因为城市郊区的区位优势,很多地区因此提出了在城市郊区率先实现现代化的战略构想。作为农村基层干部要充分认识城市郊区的区位优势为城郊经济发展提供的难得机遇,发扬只争朝夕的精神,带领群众实现跨越式发展。

三、城郊农村发展经济需要注意的问题

城郊经济不同于传统意义上的农村经济,有着自身的特殊规律。我们在促进城郊经济发展的问题上要注意以下几个方面的问题:

第一、充分考虑本地实际情况,因地制宜地发展本地经济。目前,依托城市的城郊经济已基本上形成了七大功能:城市的生态屏障与社会屏障;绿色无公害鲜活商品、观赏产品及其前延、后续产品的重要生产基地;区域性制造业基地;区域性对外经济技术合

---

* 薛小和.《郊区经济发展不能舍弃农业——访中国城郊经济研究会会长包永江》.经济日报,2005-11-24

作窗口；城市重要的物流平台；旅游与休闲胜地；城市辅助生活基地。这些功能，在不同的城郊和不同的发展阶段各有侧重，必须因地制宜地发展本地的经济。要充分考虑本村在经济发展方面的优势和不足，结合所在区域的功能定位，发展本村的特色产业，切不可盲目仿效。发展经济一定要充分考虑城郊特点。北京的韩村河和郑各庄都是利用了靠近大城市，建筑市场活跃的有利契机，靠发展建筑业起家。昌平区的麻峪房村则利用了靠近十三陵风景区的优势，积极发展民俗旅游。

第二，充分利用区位优势，发展特色产业。城市郊区发展经济要在特色上下功夫，这是与传统农业不同的地方。例如，北京市郊区历史文物古迹比较多，北京人的生活方式近几年又发生了很大变化，于是，以休闲度假为特色的农家乐发展很快，吃农家饭、住农家院已经成为北京市民休闲的时尚。再如，靠近蓬莱的长岛利用靠近旅游胜地的优势，推出了渔家乐旅游项目，游客与渔民吃住在一起，不仅尝遍了各色海鲜，还体验到了出海打鱼的乐趣。

第三，坚持以农业为主导，二、三产业协调发展的基本思路。城市郊区虽然靠近城市，但农村的本色不应该改变，多年来形成的优势还在于农业本身，应当坚持以农业作为主导产业，积极发展二、三产业。围绕增强农业综合生产能力，加快科技进步，重点开展新品种培育、病虫害防治、资源高效利用等方面先进适用技术的研发和推广应用，为发展优质、高产、高效、生态、安全农业提供科技支撑。要注意挖掘农业内部的生产潜力，积极发展精品农业、设施农业、观光农业和生态农业，提高农业的综合效益。城市郊区发展二、三产业也要立足农村，以发展劳动密集型产业为主。要注意和第一产业的衔接，以发展农副产品深加工为主。

第四，多渠道筹措资金，走合作发展之路。发展产业，资金是关键。大多数农村集体的积累并不雄厚，有钱的村主要也是靠"卖地"。"卖地"是短期行为，地卖完了还卖什么？发展经济应当立足

第二章 积极发展城郊型经济,千方百计促进农民增收

于多渠道筹措资金,通过招商引资,走合作发展之路。合作的方式有很多种,如以厂房等实物或者土地使用权作为出资,与有关单位或者个人开办有限责任公司,利用特色产品合作开发知名品牌,以及鼓励村民开办个人独资企业、开办合伙企业等。

四、瞄准菜篮子,占领城市农产品消费市场

衣食住行是人们生活必不可少的四大要素,其中的食又居于四大要素之首。由于城市人口集中,对农副产品的需求很旺盛,这就为城市郊区农民致富提供了难得的机会。由于郊区靠近城市,占有信息和生产成本的优势,所以必须发掘这一市场潜力。据悉,上海已成为国内最大的农产品集散地之一。据有关部门统计,目前上海每天消费的肉类有1000吨,蔬菜1万吨,蛋800吨,水产品800吨,水果3500吨,鲜切花120万枝。每年各地农产品专场展销至少40场,定单采购量达200亿元左右。上海全市农产品消费量每年都在800亿元人民币左右,平均每月在60亿元至70亿元。而岁末年初的"年货市场"规模更是达到100亿元。与上海毗邻的浙江、江苏、安徽等地的农民受惠于上海旺盛的"年货"需求。嘉兴市四成以上的农产品销往上海,湖州市的特种水产品和竹笋也大部分销往上海。*

五、发展绿色农业,全面提高农产品竞争力

20世纪90年代初期,为了适应农业发展阶段性战略转变和消费市场的变化,我国推出了以无污染、安全、优质、营养为基本特

---

* 李荣《上海农副产品"年货市场"规模达100亿元》.新华网上海频道,2005-12-31

征的"绿色食品"。我国经济的快速发展和城乡居民收入水平的迅速提高,引发了农产品市场需求的变化,安全优质的绿色食品日益受到消费者的欢迎。随着人民生活水平的提高,人们越来越关心食品的安全问题,绿色食品市场的占有率越来越高。目前,绿色食品产品开发已覆盖了中国绝大部分地区,已经开发的产品包括粮食、食用油、水果、蔬菜、畜禽产品、水产品、奶类产品、酒类和饮料类产品,其中初级农产品占30%,加工食品占70%。上海举办的2005年云南优质生态农产品推介展,首次集体亮相就成交15.2亿元,表明云南绿色农产品有其独特的市场竞争力,为进一步走向省外、国外市场提供了商机。此次推介展中,依托推介展搭建的交流大平台,闻讯赶来上海参展的各地客商对云南优质生态农产品表现出极大的兴趣。组团规模最大、参展产品品种最多的昭通市的荞壳枕头、荞粉、荞面条等系列荞产品以及魔芋等具有地方特色的99种优质生态农产品,受到了各大超市的追捧,供不应求。*我国加入WTO以后,发展绿色农业成为提高农产品国际竞争力的关键。据国际贸易中心的调查报告,1998年,美国、德国、英国、法国等11个发达国家的有机食品销售总额达到135亿美元,2000年全球有机食品的市场规模约200亿美元,近10年来的年均销售增长率为25%~30%。国际有机类农产品的市场空间也为我国绿色食品的发展创造了条件。

鉴于绿色农业良好的市场前景,国家也制定了相应的政策,促进绿色农业的发展。政策的主要内容是进一步完善农产品的检验检测、安全监测及质量认证体系,推行农产品原产地标记制度,开展农业投入品强制性产品认证试点,扩大无公害食品、绿色食品、有机食品等优质农产品的生产和供应。城郊发展绿色食品既有优

---

* 和向红.《云南以名牌农产品拓市场出口举西南前列》广东农业信息网,2005-04-22

第二章 积极发展城郊型经济,千方百计促进农民增收

势,也有一定的制约因素。优势是技术和资本雄厚、市场容量大、辐射面广,示范带动力强;不利因素是控制、改善生态环境质量的难度相对较大。近年来,我国的一些大中城市扬长避短,积极推动绿色食品生产和流通,也取得了明显的成效。湖南省浏阳市在发展蔬菜产业方面就看准了这一机会。近年来,浏阳蔬菜产业开始由量的扩张向质的提升转变,重点建设无公害蔬菜生产示范基地和无公害蔬菜检测站。在浏阳城区设立了3个无公害农产品销售市场,在重点蔬菜基地乡镇设有无公害农产品检测站,定期进行抽检,对抽检不合格的农产品坚决予以销毁。由于设施栽培的普及和蔬菜品质的提升,浏阳蔬菜产业一直保持了长盛不衰的势头,菜农一季蔬菜每667平方米平均效益稳定在2000元以上,蔬菜产业成为浏阳20万菜农增收的重要保障。另据新华网报道,山东省龙口市大力发展绿色农业,拓展了农副产品的市场份额。6只一盒的小包装黄金梨,卖价竟高达140元。截止2001年,全市绿色食品基地2万公顷,占种植业总面积的50%,有绿色食品生产企业5家、品种30个,每年实现销售收入40亿元。许多产品直接销往欧美等发达国家,年创汇1.2亿美元。山东省龙口市也因此被农业部确定为"第一批全国无公害农产品生产示范基地县"、全国25个无公害水果示范县之一。可见,发展绿色农业已成为城市郊区经济发展的重要措施。

六、发挥靠近市场的优势,加快发展农业产业化经营

城市郊区应当充分利用靠近市场的区位优势,根本改变传统农业以一家一户为基本生产单位的模式,加快发展农业产业化经营。只有走产业化经营之路,才能实现农业的跨越式发展,实现良好的经济效益。实现农业产业化经营的典型做法有以下几种:

第一种是政府扶持,形成特色产业带。湖南省浏阳市经过调

城郊村干部如何当好新农村建设带头人

研发现,随着城市化进程的快速推进,城区面积的快速扩大,特别是生态城市的大规模建设,花卉苗木的需求量急剧增加。浏阳很好地抓住了这一市场机遇,以柏加镇为中心,充分发挥镇头、普迹、官桥、枨冲等乡镇紧靠株洲、长沙等大中城市的区位优势,建设了"柏加镇花木大市场"和"百里花木走廊,万顷苗木基地"。投资1 600万元的柏加花木大市场一期工程,占地面积20公顷,48个花木大户入住经营,年销售收入超过1亿元。柏加花木大市场的建设,大大加快了柏加镇花木产业的发展,该镇从1995年的零星分散种植,用不足10年时间,迅速发展到连片开发的1 300多公顷花木基地,成为中南地区最大的花木集散市场。现在的柏加镇,找不到不栽花木的水田,找不到不种花木的旱土。随着花木产业实现几十公顷到几百公顷到几千公顷的三级跳,花农的生活也完成了从单车到摩托再到轿车的三级跳。近年来,柏加镇的花农一直保持了浏阳市的三个第一:农民轿车拥有量全市第一,全镇农家轿车达120辆;农民人均农村信用社存款全市第一,农民人均在农村信用社存款达8 000元;农村电脑拥有量全市第一,全镇农民电脑用户拥有电脑达300台。花木大户谢学恒自豪地说:依托城市发展农业产业,农业产业服务城市建设,是农民增收致富的最有效途径。2003年,浏阳投资1亿元建设了贯穿柏加、镇头、普迹、官桥、枨冲等乡镇的百里花木走廊,充分发挥这些乡镇毗邻株洲、湘潭、长沙等大中城市的区位优势,进一步做强做大花木产业。花木走廊公路的通车,进一步加快了花卉苗木的流通,加速了花木产业的发展。短短几年,百里走廊花木面积发展到5 300多公顷,占浏阳整个花木面积的70%,花木销售额达到5亿元,花木产业已成为浏阳25万农民增收的重要途径。*

第二种是龙头企业带动农户发展经济。在推进农业产业化经

---

* 熊慈明.《浏阳市依托农业产业化,发展城郊型经济》.中国城郊网,2005-3-22

第二章 积极发展城郊型经济,千方百计促进农民增收

营过程中,贵州省坚持按照"市场导向、积极稳妥,统筹规划、分类指导,突出重点、先难后易,形式多样、自愿互利"的原则,采取"公司+基地+农户"、"合作组织+农户"、订单农业等多种形式,积极稳妥地扶持一批有条件的农业产业化龙头企业,进而引导农民进入市场,与企业建立利益共享、风险共担的机制,实现企业、基地和农户的共同发展。经过几年的努力,贵州省已初步形成以国家级龙头企业为核心,省级龙头企业为骨干,地区级龙头企业为基础的企业群。目前,全省共有各级农业产业化经营重点龙头企业216家,其中国家级11家,省级39家。2004年,50家省级以上重点龙头企业资产总额达36.2亿余元,销售收入55亿余元,实现利税5亿多元。河南省信阳市维雪啤酒公司年产啤酒40万吨,公司自主研发的小麦芽替代大麦芽技术,年消化小麦15万吨,成为全省啤酒行业纳税大户,还兼并了华栗公司,年可加工转化板栗8万吨。万富油脂公司年产植物油20万吨,带动当地发展花生种植达2万公顷,油菜达6 670公顷。* 近年来,新疆维吾尔自治区也涌现出一批具有相当实力的农业产业化龙头企业。以麦趣尔集团、维维天山雪、兵地天元、香巴拉、江苏雨润、草原兴发、康耐集团等为龙头的大型畜产品加工企业,已主导了新疆奶、肉、皮产业的发展;以屯河集团、新天国际、新中基、国际实业、香梨股份、冠农股份、新农开发等为龙头的上市公司以及天彩科技、纵横股份、四方糖业等大型企业,带动了新疆特色农业、林果业的发展,使农业产业化发展呈现良好的发展势头。可以说,龙头企业决定了新疆农业产业化经营的发展方向,在当前的农业结构调整中扮演着举足轻重的角

---

* 张剑鸣.《一业带多业龙头带农产 贵州300万农民受益产业化》.经济日报,2005-12-30

王荣红.《科学谋划统筹发展全面推进社会主义新农村建设》.河南日报,2005-12-29

色。2004年,新疆国家级农业龙头企业有14家,自治区级农业龙头企业有39家。产业化运行机制逐步完善,组织化程度有所提高。各地积极探索与市场农业和当地实际相适应的产业化组织形式和利益连接机制,创造了"公司+农户"、"基地带农户"、"市场连农户"、"科技引农户"等多种模式。

第三种是采取联营、合资、独资等方式,引进资金和合作伙伴。也就是说通过"联姻"的方式实现产业化经营。贵州省通过这种方式引进省外31家优强企业投资近2.27亿元开展农业产业化经营。截止2005年底,贵州省省级以上重点龙头企业建有种植和保护抚育基地20多万公顷,养殖畜禽27.2万余头(只),保证了辣椒、优质肉牛、中药材、蔬菜、茶叶、山野菜、竹业等特色产业的健康发展。

第四种是加强农民专业合作经济组织建设。按照"民建、民营、民受益"的原则,围绕生产、销售、技术服务等环节,积极帮助、扶持和引导农民建立专业合作组织。目前,贵州省已有农民专业合作经济组织800多个,成员8.2万人,带动农户35万户,成为农业产业化经营的骨干力量。

七、利用人才优势,提高农业科技水平

邓小平同志讲科学技术是第一生产力,发展农业必须靠科技。《中共中央 国务院关于提高农业综合生产能力的意见》指出,今后要加大良种良法的推广力度。继续实施"种子工程"、"畜禽水产良种工程",搞好大宗农作物、畜禽良种繁育基地建设和扩繁推广。从2005年起,国家设立超级稻推广项目。扩大重大农业技术推广项目专项补贴规模,优先扶持优质高产、节本增效的组装集成与配套技术开发。加强农作物重大病虫害防治。认真组织实施"科技入户工程",扶持科技示范户,提高他们的辐射带动能力。继续安

第二章 积极发展城郊型经济,千方百计促进农民增收

排农业科技成果转化资金和国外先进农业技术引进资金。

城市郊区靠近城市,可以发挥农业科研院所、农业大中专院校的人才智力优势,积极促成农业与科技"联姻",邀请农业科技人员参与农业技术的研究、推广。积极发挥农业科技示范场、科技园区、龙头企业和农民专业合作组织在农业科技推广中的作用。建立与农业产业带相适应的跨区域、专业性的新型农业科技推广服务组织。南京市建邺区双闸街道积极采取措施提高农业科技水平,措施之一是建立健全科技示范体系,围绕蔬菜、葡萄、水产等主导产业的培育,以无公害基地为载体,引导新品种、推广新技术、培训新知识、示范新机制。目前,江南村67公顷无公害蔬菜基地四期工程正全力推进,"水八仙"基地也已初具规模,形成了较为完整的农业科技示范推广网络。措施之二是构筑农业技术创新体系,实现生产基地与南京农业大学、南京林业大学、江苏省农科院等高等院校、研究院所的科技联姻,选聘近10名专家、教授担任农业科技顾问,联合开展一系列科技攻关和新品开发。近两年共引进新品种30多种,推广农业新技术10余项。措施之三是完善教育培训体系,利用宣传展板和橱窗等多种形式,普及适合本地种植、养殖项目的有关实用技术等。同时,成立科技讲师团,精心选择农业相关技术课题,举办各类科技讲座、培训班。今年以来,举办讲座近30次,发放科普资料5 600多份,培训人数达2 000人(次),全街道90%以上的农业劳动力掌握了一两项实用技术。*

八、积极发展生态农业

生态农业实际上就是运用生态学原理和系统科学方法,把现代科学成果与传统农业技术的精华相结合而建立起来的具有生态

---

* 《双闸街道着力提高农业科技水平》。南京市建邺区人民政府网,2005-09-01

城郊村干部如何当好新农村建设带头人

合理性、功能良性循环的一种农业体系。生态农业是现代集约化的可持续农业，是设施农业，是有机农业。传统农业是一种高投入高产出农业，它依靠大量消耗森林、淡水、土地、动植物物种等人类赖以生存和发展的重要资源来维持生产的运转，人类为此付出昂贵的代价。生态农业在生产方式和观念上与传统农业有着本质的区别，是对传统农业的革命。

安徽省铜陵市狮子区利用地域优势，合理调整农业生产布局，大力发展城郊型、生态型农业，积极培育农业产业化龙头企业。目前，该区已初步形成了无公害水生蔬菜、经济果林及苗木花卉、特种畜禽和水产品养殖等农业生产基地。在农业产业结构调整中，该区因地制宜选择具有地域特色和市场前景的主导产业和特色品种作为开发重点。大力发展无公害水生蔬菜、经济果林及苗木花卉、特种畜禽和水产品养殖等竞争力强的特色产业，促进城郊型生态农业发展和农民增收。该区东西湖水生蔬菜基地，先后引进了一批高效优质水生蔬菜品种，扩大种植面积，带动了农民增收。目前，各品种莲藕栽种面积达 100 多公顷。2005 年 3 月份引进的"水珍一号"茭白，预计每 667 平方米产量可达 2 500 千克，收入 5 000 元左右。农林苗木花卉基地种植面积已达 27 公顷，共带动农户 500 余户。*

九、积极发展生态农庄经济

生态农庄经济是指以开发涉农资源、整合农庄要素、保护生态环境为依托，立足于生产、生活、生态三者结合，使农业生产与观光休闲、旅游环保、科普教育、农技推广、农事体验等功能融于一体，实现经济效益、社会效益、生态效益有机统一的一种现代庄园经

---

* 《铜陵市狮子山区大力发展城郊型生态农业》．安徽农业信息网，2005-07-12

济,兼有生态农业和观光农业的双重特点。由于生态农庄大多分布在城郊,其发展原动力就在于紧密依托城市,全方位承接城市经济社会发展的深度辐射,具有鲜明的城郊经济特征。生态农庄不仅为城市提供生活消费的农副产品,而且为市民提供享受自然的优美环境,在实现自身价值的同时,产生了巨大的价值放大效应,是城郊经济发展的优选模式。湖南省长沙市的生态农庄经济独具特色,共有各类生态农庄 1 000 余家,2004 年接待游客 273 万多人次,实现经营收入 2.11 亿元。生态农庄大体上可以分为以下三种类型。

第一种类型是生产示范型。主要形式有观光果园、茶园、花园、菜园、中草药园、科技示范园等。可在园内根据客户的要求开展观赏、采摘、挖掘、参观、科普知识讲座等活动。大多数汇聚国内外先进农业科技,形成高度密集的农业科技硅谷和农业技术市场,大力引进和推广先进的观念、品种、技术、装备、管理以及运作方式,实现农业生产自动化、生产条件自控化、农业育种定向化,成为现代高效农业的展示窗口和示范基地,带动周边地区由传统农业向现代农业转变。

第二种类型是休闲观光型。就是将农业与旅游、生产与消费融为一体,开辟特色果园、渔场等供市民观光休闲以及采购新鲜农产品;兴建如旅游农场、森林公园、花卉植物园、农业大观园等,为市民提供与农村和农民进行交流、体验农事劳动乐趣、普及农业科普知识的场所和机会,逐步向集观光、娱乐、休闲、体验、购物等于一体的复合型农业方向发展。包括农业文化娱乐园、生态养殖牧场、休闲农家乐、休闲度假村等。休闲观光型生态农庄是目前最为兴盛、最为普遍的一类生态农庄。投资规模可大可小,经营档次高低不一,由于紧邻城市,一般经营效益都比较好,不仅能有效开发利用农业资源,而且还可以扩大鲜活及特色农产品的销售,带动种养结构的调整优化,推动相关产业的发展,扩大农民就业,促进农

城郊村干部如何当好新农村建设带头人

民增收。

第三种是民俗文化型。民俗村、古村落、民族村、古民居等都为民俗文化型生态农庄的主要内容。利用乡村特有的民俗风情、传统工艺、文物古迹、节庆文化、民间文艺和农耕文化,开展观光、游憩、休闲旅游活动;利用村落房屋、园林、牌坊、祠堂、书院、古桥、古井、古树、古堡、古道、古庙等,开展观光、考古等旅游活动,利用少数民族风情、习俗、民族文化、民族建筑、民族生产活动、节庆礼仪、婚庆歌舞、工艺技术等,开展观光、体验、休闲旅游活动。如长沙市就有浏阳的中国花炮文化博物馆、农耕文化博物馆,望城的铜官窑等。*

十、树立品牌意识,提高产品的竞争力

随着市场经济的不断发展,产品的品牌越来越受到人们的重视,品牌成为提高产品竞争力的关键因素之一。辽宁省铁岭市经济研究中心的张春光同志指出:目前,我市的农产品有品牌的少,在全省、全国具有一定知名度的品牌更少,其原因不是我们的农副产品没有特色和优势,而是没有创出自己的品牌,没有形成品牌效应。因此,产品销售范围有限。如辽宁省昌图县傅家的花生在本地不能直接出口,而卖给山东省后,换个品牌就能走出国门,打入国际市场。这足以说明品牌的重要性。

近年来,我国农产品出口发展迅速,出口额由 1990 年的不到 100 亿美元增长到 2003 年的 212.4 亿美元,特别是自 2000 年以来农产品出口快速增长,年均增长率达 13%,目前我国农产品出口额居世界第六位。但是,在农产品出口中仍然存在着许多问题,其中缺乏品牌产品是影响市场竞争力进一步提高的重要制约因

---

* 张湘涛.《城郊经济模式的创新研究》.中国城郊网,2005-04-02

第二章 积极发展城郊型经济,千方百计促进农民增收

素。

随着农产品加工的质量水平进一步提高,各地龙头企业品牌意识、名牌意识增强了,普遍认为品牌就是信誉,品牌就是效益,只有品牌产品才有竞争力。宣传品牌、争创名牌现已成为龙头企业开拓市场的重要途径。有关专家指出,从总体来看,我国农产品的"品牌化"道路还很漫长。统计结果表明,我国的农产品加工转化率仅为20%~30%,而发达国家的平均水平是90%~95%。我国每1元初级农产品加工后的增值仅为0.38元,而美国是3.7元。据农业部官员透露,目前,我国出口的农产品相当一部分打的都是国外的品牌,尽管国内农产品的质量已经达到了国际标准,但没有自己的品牌就只能在价格上吃亏。因此,农产品有无竞争力的关键在于能否形成自己的品牌优势。

近年来,浙江省宁波市大力推动农产品品牌战略实施。据该市工商局商广处统计,到2005年上半年,该市已拥有农副产品注册商标2410件,产品涉及水果、茶叶、榨菜、水产、花卉、草制品、干蔬菜、禽畜等100余个品种,其中省(市)著(知)名商标65件。品牌为农产品发展带来了机遇,也为当地农民和地方经济带来了好的收益。余姚"铜钱牌"榨菜被认定为浙江省著名商标后,产品成功打入上海、南京等大城市的超市,并批量出口到新加坡、俄罗斯等国。余姚"瀑布仙茗"商标注册成功后,茶叶年销售量由原来的20吨增加到100吨,年产值从320万元增加到1740万元,农户年人均收入增加550元。

为让一个品牌带动多个产品、让分散的农产品享有更强的品牌效应,宁波市各级政府和有关部门积极组织,利用农产品地理特点,推动宁波市农产品注册集体商标。象山、宁海、奉化、慈溪、余姚、鄞州、江北等地政府相继出台了农副产品商标注册和创牌的奖励政策。工商部门积极引导农业协会为农产品打品牌,如鄞州工商部门主动与农业部门联系,鼓励以镇、乡、村为单位申请注册"亚

集体商标",指导种植和养殖大户、农产品加工企业申请注册系列商标。目前,该区已形成了一批诸如鄞江镇的"八戒"西瓜商标、"清源"蔬菜系列商标,樟村镇的"富农"贝母商标,塘溪镇的"堇山"水果商标等。*

为提高我国农产品的国际竞争力,商务部在2004年10月18日发布了《关于扩大农产品出口的指导性意见》,其中提出的政策措施是:优化出口商品结构,培育农产品出口品牌。支持企业培育农产品出口品牌,优先支持农产品出口品牌建设;推动企业以引进国外先进技术和优良品种与国内自主研发并重的方式,开发自主知识产权产品,提高核心竞争力;积极推进农产品原产地标记注册制度,对符合出口免检有关规定的原产地标记保护的农产品依法优先予以免检;对信誉良好的原产地标记保护的农产品出口企业实行便捷通关。

品牌好比人的一张脸,是敲开国内外市场大门的通行证,农村基层干部要树立品牌意识,着力打造名特优新农副产品,提高产品的竞争力。

十一、发展农村二、三产业,拓宽农民增收渠道

一般来说,农业被称为第一产业,工业和建筑业被称为第二产业,其他产业被称为第三产业。发展农村二、三产业就是农村和农民跳出传统的农业圈子,积极发展工业、建筑业和商业、服务业、旅游业等。俗话说无工不富,二、三产业抗御天灾的能力比第一产业强,市场冲击力比第一产业大,农民增收快。城市郊区农村发展经

---

* 张燕.《名牌农产品助力农业经济 宁波政府申请集体商标》.经济日报,2005-11-23

第二章 积极发展城郊型经济,千方百计促进农民增收

济不能单单靠农业,二、三产业和民营经济在郊区农村都有着广阔的发展空间。中共中央 2004 年 1 号文件提出,要"发展农村二、三产业,拓宽农民增收渠道"。农民增收的渠道,包括发展优质粮食产业、调整农业结构、发展农村二、三产业和农民进城就业等。发展农村二、三产业是实现农民增收的一条重要渠道。目前我国农业劳动力严重过剩,占全国劳动力总数约 50% 的农业劳动力,仅仅依靠占国内生产总值 14% 左右的农业增加值,是不可能实现农民收入较快增长的。从 1998 年到 2002 年,全国农村人均纯收入增加 385.5 元,绝大部分来自二、三产业,其中相当部分来自农村二、三产业。从目前发展态势看,今后一段时期内,农民增收仍将主要来自二、三产业,发展农村二、三产业仍将是拓宽农民增收渠道的一项重要举措。* 今后要进一步拓宽思路,把发展农业与发展郊区农村二、三产业结合起来,把城市的资金、信息、技术等优势与农村的市场、产品、劳动力等资源优势结合起来,纵深推进农业和农村经济结构调整,使郊区农村经济有一个新的突破。

加快农村二、三产业的发展,拓宽农民增收的渠道,主要应当抓好三个方面:一是推进乡镇企业改革和调整;二是大力发展农村个体私营等非公有制经济;三是繁荣小城镇经济。

(一)推进乡镇企业改革和调整

发展乡镇企业是充分利用农村各种资源和生产要素,全面发展农村经济、拓展农村内部就业空间的重要途径。要适应市场需求变化、产业结构升级和增长方式转变的要求,调整乡镇企业发展战略和发展模式,加快技术进步,加快体制和机制创新,重点发展农产品加工业、服务业和劳动密集型企业。加大对规模以上乡镇

---

* 彭俊.《发展农村二、三产业 拓宽农民增收渠道——访国务院研究室农村经济研究司司长李炳坤》.人民日报,2004-02-12

企业技术改造的支持力度,促进产品更新换代和产业优化升级。引导农村集体企业改制成股份制和股份合作制等混合所有制企业,鼓励有条件的乡镇企业建立现代企业制度。农村中小企业对增加农民就业作用明显,只要符合安全生产标准和环境保护要求,有利于资源的合理利用,都应当鼓励其存在和发展。

在乡镇企业自身发展方面,应当解决好体制和机制改革创新、调整发展战略和发展模式、加快技术进步这三个问题。就加快体制和机制创新来说,乡镇企业要深化改革,建立与市场经济相适应的机制,重点要放在集体企业的改造上,进一步理顺和明晰产权关系,使集体所有从抽象的共有到实实在在的拥有。同时,乡镇企业要进一步调整发展战略和发展模式,从长期偏重于第二产业逐步转到二、三产业并重,重点发展农产品加工业、服务业和劳动密集型企业,推进产业结构升级,最终转到以第三产业为主的轨道上来。以第三产业为主,是我国国民经济发展的大趋势,也是世界发达国家经济发展的普遍规律。最后,加快乡镇企业尤其是规模以上乡镇企业技术改造步伐,以适应自身特点和市场竞争要求。

(二)大力发展农村个体私营等非公有制经济

发展农村个体私营经济,是增加农民收入的一个重要内容。法律法规未禁入的基础设施、公用事业及其他行业和领域,农村个体工商户和私营企业都可以进入。政府在税收、投融资、资源使用、人才政策等方面,对农村个体工商户和私营企业给予支持。对合法经营的农村流动性小商小贩,除国家另有规定外,免予工商登记和收取有关税费。

(三)繁荣小城镇经济

小城镇建设要同壮大县域经济、发展乡镇企业、推进农业产业化经营、移民搬迁结合起来,引导更多的农民进入小城镇,逐步形成产业发展、人口聚集、市场扩大的良性互动机制,增强小城镇吸纳农村人口、带动农村发展的能力。小城镇发展也要拓宽思路,不能为发展小城镇而发展小城镇,要与推进当地经济社会发展紧密结合起来,进行统筹规划和安排。有条件的地方,还应抓住小城镇发展这个宝贵机遇,推进村庄建设和环境整治,改造农村落后面貌。

十二、改善城郊农民进城就业环境,不断提高劳动者素质

城郊农民进城务工不同于边远农村。辽宁省盘锦市的统计资料显示,已转移务工的农民呈现出由单纯的体力型向技能型转变;由自发无序性向有组织有序性输出转变;由单向输出向回乡创业转变;由小规模向大规模转变;由低层次向高层次转变。务工农民趋于年轻化,过去外出务工的大多以30~50岁的壮年劳动力为主,现在则以18~30岁的青壮年为主。从所从事的职业情况来看,80%以上转移者从事着电脑操作员、营销员、售货员等职业。转移者以加入到三产服务业为主,在去年农村劳动力转移阳光工程转移的1860人中,有75%在三产服务业,有25%进入工厂。转移者以当地就业居多,在对去年调查的2 000人中,到外省市务工的仅占15%。* 盘锦市的统计资料有一定的代表性,反映了城郊农民工就业的特点。扩大城郊农民工就业也是促进农民增收的措施之一,应当千方百计予以支持。在实践中要注意解决的问题是如何提高劳动者的素质。提高劳动者的素质不仅可以增加劳动者进城务工的竞争力,还有助于吸引其他企业到当地投资。提高劳动者素质的重要途径就是加强对农村劳动力的职业技能培训。要

---

* 《辽宁盘锦市在发展中实现农村富余劳力转移就业》。辽宁省人民政府网站,2005-12-27

根据市场和企业的需求,按照不同行业、不同工种对从业人员基本技能的要求,安排培训内容,实行定向培训,提高培训的针对性和适用性。

第三章 坚持开展依法治村，有效开展村民自治

村民自治是我国农村社会治理的基础，也是村干部实施管理工作的"规矩方圆"，当好新农村带头人必须首先了解村民自治，否则就等于非司机开车。

一、什么是村民自治

我国宪法第111条规定："村民委员会是基层群众性自治组织"。《中华人民共和国村民委员会组织法》第2条规定："村民委员会是村民自我管理、自我教育、自我服务的基层群众性自治组织，实行民主选举、民主决策、民主管理、民主监督"。村民自治是我国农村社会的基本治理模式。对农村社会的基本治理模式无外乎两个，一个是由基层政府直接进行行政管理，一个是由村民实行自治。鉴于历史上的教训，我国选择了后者。何谓村民自治？简单地讲就是由村民群众依法办理自己的事情，政府不过多地进行干预。这一含义包括以下三个方面：一是村民委员会按照居住地区设立，也就是说，它不按照行政安排设立；二是村委会成员由选举产生，而不由上级政府任命；三是村民委员会是自治组织，其与基层政权的关系由法律规定。自治的内容包括以下几个方面：第一、民主选举，在农村以行政村为单位，由全体有选举权的村民通过选举组成村民委员会，行使对村内事务的管理权；第二、民主决策，关系村民利益的重大事项由全体村民民主决策；第三、民主管理，村民委员会依照法律规定，管理本村属于村农民集体所有的土地和其他财产，教育村民合理利用自然资源，保护和改善生态环境；第四、民主监督，村民委员会实行村务公开制度，村民委员会

应当保证公布内容的真实性,并接受村民的查询。村民委员会不及时公布应当公布的事项或者公布的事项不真实的,村民有权向乡、民族乡、镇人民政府或者县级人民政府及其有关主管部门反映,有关政府机关应当负责调查核实,责令公布;经查证确有违法行为的,有关人员应当依法承担责任。总而言之,村民自治就是由村民自主决定本村的事务。村民自治和传统的行政手段管理农村是有着本质区别的。在村民自治的背景下,农村已经不被看成是基本的行政单位,村委会也不是政府组织,而是基层群众性自治组织。

村民自治作为制度在法律上得到确认,始见于1982年制定的《中华人民共和国宪法》,该法第111条规定:"村民委员会是基层群众性自治组织"。首次以国家根本法的形式明确了村民委员会的性质,确立了我国农村管理体制的改革方向,具有划时代的历史意义。

改革开放以前,我们国家的管理体制是僵化的。对农村的管理实行人民公社制。在经济体制方面,片面强调"一大二公",实行"三级所有,队为基础"的原则。在政治体制方面强调高度集权、党政不分,强调坚持"党支部"的一元化领导,党支部书记说了算,村支书是村子里最大的官。上级党委和政府把村子看成是一个最基层的行政单位,用行政的方法对农村进行管理。事实证明行政的管理模式不利于农村的稳定与发展,在很大程度上制约了农村的活力。改革开放以后,对农村管理体制的改革势在必行。

我国农村的村民自治是在以家庭承包为基本内容的农村改革过程中,作为人民公社组织的替代者出现的。家庭承包经营的出现直接动摇了人民公社体制的根基。国家原来运用政权的力量,以人民公社的形式组织农民,治理乡村的方式面临严峻挑战。国家面临的突出问题之一是以何种形式将分散化的农民重新组织到国家体系中来,实现对乡村的有效治理。20世纪80年代初,在广

第三章 坚持开展依法治村,有效开展村民自治

西宜山、罗城一带出现了农民自我组织起来管理公共事务的自治性组织。这一组织形式的出现很快受到决策部门的重视,乡村治理模式的改革拉开帷幕。在原来生产大队,有的在生产小队的基础上建立了村民委员会,实行村民自治。1985年2月,生产大队管理体制的改革在全国全部完成,村民委员会在农村普遍建立起来。到目前,全国共有90多万个村民委员会。

1987年第六届全国人大常委会第23次会议通过了《中华人民共和国村民委员会组织法(试行)》,进一步落实了1982年宪法关于村民自治的精神。1998年11月,九届全国人大第五次会议修订并通过了《村民委员会组织法》,使村民自治获得更全面的法律支持和保障,村民自治正式成为我国乡村治理的基本模式。

十多年来中国村民自治实践成绩巨大,成效显著。具体表现在以下几个方面:第一、村民自治及村级民主选举的法律制度日趋完善;第二、村民自治及村级民主选举的实践范围不断扩大;第三、村级民主选举日益规范,民主程度明显增强;第四、村民自治及村级民主选举推动了农村基层党组织转变领导方式和方法,并推动了基层党组织自身的民主化;第五、村民自治及村级民主选举的实践推动了乡村关系从直接的行政领导关系向协商指导关系转变;第六、村级民主选举过程是民主实践的过程,也是对农民及基层干部的民主教育、学习和训练的过程,对增强农民及乡村干部的民主意识、法制观念及民主能力发挥了重要作用。

任何新生事物都具有两重性。村民自治在我国实行的时间很短,在实践中必定会存在不少问题,村民自治及民主选举的现实与法律自身的要求和人们的期望仍有相当大的距离。从全国范围来看,村民自治及民主选举的实践和发展很不平衡,有相当数量的农村地区村民自治仍处初创、实验和推广阶段,不少地区村民委员会直选才刚刚展开。压制、阻挠村民自由民主选举的事件时有发生,各种违法行为屡禁不止。有的地方村委会成员提名被少数干部包

办代替,选举流于形式;有的选举结果不公开,甚至被上级部门无端否定;有的甚至根本不举行选举,村委会成员依然由上级指定;有的村民委员会名存实亡;宗族势力、甚至是邪恶势力掌权,贿选等现象很严重。问题的存在是必然的,既然村民委员会是一种完全不同于人民公社,且在历史上从来没有过的组织,那么它的建构就不是一件容易的事情。它不仅会受到传统乡村治理体制的影响,而且受国家宏观治理体制的制约。彭真同志曾经说过:"办好村民委员会,实行村民自治,是一项长期的、艰巨的工作,不要把它看得那么容易,决不是作一个决定,国家发一个号令,就能短期都搞好的。"但无论如何,新生事物的生命力是旺盛的,随着法律制度的不断完善,村民自治必然会越来越成熟。

二、村民委员会是村民自治的组织形式

村委会是农村基层群众性自治组织,是村民自治的组织形式。在我国农村普遍建立的村民委员会,具有以下三个特点:一是基层性。村是我国农村最基层的单位,是村民长期生产、居住、生活的单位,跟村民关系最直接、最紧密。一个村就是一个小社区,村民们在社会生活中有着共同的利益和要求。村民委员会根据村民居住状况、人口多少,按照便于群众自治的原则设立,具有基层性的特点。二是群众性。村民自治的主体是本村村民,本村村民都有权参加村民自治。村民委员会由村民直接选举产生,不得任命、委派和指定产生;村民委员会成员来自于本村村民,享有选举权的本村村民都有机会被选为村民委员会成员;村民委员会成员不脱离生产,既从事劳动生产,又从事村民委员会的工作;村民委员会代表和维护村民利益,向人民政府反映村民的意见、要求和提出建议;村民委员会进行工作中,应当走群众路线,坚持说服教育。三是自治性。村民委员会是村民自治的执行机构和工作机构。村民

组成村民会议,讨论决定涉及村民利益和村民普遍关心的事项,村民委员会向村民会议负责并报告工作。办什么,不办什么,先办什么,后办什么,如何办理,由村民自己决定。对于村民自治范围内的事项,任何组织和个人都不得干预。

村民委员会的性质特点,使它区别于国家政权机关。在我国,国家政权机关包括国家权力机关、行政机关、审判机关和检察机关。它不是国家政权机关的任何一种,也不是国家政权机关的派出机关。在实际工作中,有的把村民委员会当成乡(镇)人民政府的派出机关,当成乡(镇)政府的"腿",将不该由基层自治组织从事的行政工作交给村民委员会去做,或者包办代替村民自治范围内的事项,这些都是同村民委员会性质不符的做法。村民委员会的性质特点,还使它区别于其他的群众组织。在我国,有许多从事社会活动的群众组织,如全国总工会、共产主义青年团、全国妇女联合会、全国青年联合会等。村民委员会作为基层群众组织,和他们有一定的共同之处,但在设立、任务、服务对象、作用等方面有明显的不同之处。

三、村民委员会的设立、组成与任期

(一)村委会的设立

如何设立村委会,从根本上来讲应当从便于群众自治出发。是否便于自治应当着重考虑以下几个方面的因素:

1. 村委会规模的大小 村民委员会的规模必须适宜,不能过大,也不能过小。如果村民委员会设置规模过大,村民之间难以相互了解,召集会议比较困难,不利于村民集体讨论决定问题。反之,如果规模过小,聚集不起一定的人力、物力、财力,农村集体经济发展不起来,同样也会影响村民自治。

2. 居住状况和人口多少 就是要把区域和人口结合起来考虑。聚居的,人口多,地域不大的地方,可以单独设立一个村委会;人口多,地域又大的,可以划分为几个村委会。散居的,地域大,有一定人口的,可以单独设一个村委会;地域大,但人口很少的,可以和邻近的村联合成立一个村委会。总而言之,要做到区域与人口都能比较适中,以便于自治。

3. 参照历史习惯 就是要考虑历史形成的状况和村民的意愿。有的村虽然不大,但长期以来就是分成几片管理的,这样的村就不要硬捏到一起,而应当考虑历史习惯,根据村民的意愿设立几个村委会。有的邻近的几个村,历史上就合在一起,相互之间有着千丝万缕的联系,有许多共同的利益和要求,虽然地域偏大,但不影响村民开展自治活动,村民又不愿意分开,就不要强行分开。

4. 参照经济状况 就是要注意经济发展状况,使村委会的设立适应经济发展要求。有的集体经济很发达,有一定的经济实力,虽然规模偏大,但分开会造成集体经济的破坏,群众又不愿意分开的则可以不分。有的村委会规模太大,集体经济又不发达,分开对集体经济发展不会造成什么影响,而且更有利于集体经济的发展,群众又愿意分开的,就应当分开。

设立村委会除了要考虑以上几个方面的因素外,还要严格遵守法律相关的程序性规定。村委会的设立、撤销、范围调整的程序是:第一,乡镇人民政府提出方案;第二,乡镇人民政府提出意见后,要经过村民会议讨论同意。要尊重村民的意愿,认真听取各种不同意见,真正按多数村民的意见办;第三,报县人民政府批准。

(二)村委会的组成

村民委员会由主任、副主任和委员共3~7人组成。

1. 村委会的组成人员 设主任一人,主持村委会全面工作。设副主任1~2人,协助主任工作,如果村委会成员较少,也可以不

第三章　坚持开展依法治村,有效开展村民自治

设副主任。其余人员为委员,完成主任交办的任务。村委会实行集体领导,所有委员都有平等的表决权。

2. 村委会成员的人数　村委会组织法规定"村委会由主任、副主任和委员共 3～7 人组成"。也就是说最少不能少于 3 人,最多不能多于 7 人,某一个村委会组成人员的人数应当在这个范围内确定。一个村委会具体应当由多少人组成应当重点考虑以下两个因素:一是便于自治,能够完成村委会作为自治组织的各项任务;二是要尽量减轻农民的负担。一般来说,村民多,居住分散,村委会承担任务重的,村委会成员应当多一些;反之可以少一些。具体人数可以根据本村的实际情况确定。为了便于决定问题,村委会成员应为单数。

3. 村委会成员的构成　村委会成员中,妇女应当有适当的名额,多民族村民居住的村应当有人数较少的民族的成员。

4. 村委会的工作机构　村民委员会根据需要设人民调解、治安保卫、公共卫生等委员会。村民委员会成员可以兼任下属委员会的成员。人口少的村的村民委员会可以不设下属委员会,由村民委员会成员分工负责人民调解、治安保卫、公共卫生等工作。

5. 村民小组　村民委员会可以按照村民居住状况分设若干村民小组,小组长由村民小组会议推选。

一些地区的村民较多,或者是管辖范围较大,居住分散,为便于村民自治,按照有利生产、方便生活的原则,可根据居住地区划分若干个村民小组。村民小组可以分别由几户、十几户或几十户组成。村民小组的组长由村民小组会议推选产生,小组会议推选产生小组长后,应报村委会备案。村民对小组长的工作不满意的,可以随时撤换。村民小组长的职责一是收集并向村委会反映本组村民的建议、意见;二是向本组村民传达村委会作出的有关决定;三是协助村委会办理本村的公共事务和公益事业。

城郊村干部如何当好新农村建设带头人

(三)村委会的任期

村干部不搞终身制,是有任期的。按照法律规定,村民委员会每届任期3年,届满应当及时举行换届选举。未经县(市、区)委批准,无故拖延选举的,要追究乡(镇)党委和村党支部、村民委员会主要负责人的责任。

法律同时还规定,村民委员会成员可以连选连任,不是说干完3年任期就不能再参加选举了,还可以参加选举,只要当选还可以接着干。村民委员会成员连选连任,到底可以连任多少届,法律没有限定次数。只要村民拥护,本人愿意,就可以连任。

四、村民委员会的下属委员会

法律规定,村民委员会根据需要设人民调解、治安保卫、公共卫生等委员会。人口少的村的村民委员会可以不设下属委员会,由村民委员会成员分工负责人民调解、治安保卫、公共卫生等工作。村民委员会要完成法律规定的各项任务,管理涉及村民衣、食、住、行等内容丰富、复杂的基层社会公共事务,需要有相应的工作机构。应本着根据工作需要、宜简勿繁的原则,决定设立哪些委员会,以及每个委员会的人数。根据需要,可以设立人民调解、治安保卫、公共卫生等委员会。这里所说的根据需要,是指根据本村实际工作需要、经济发展状况以及广大群众的意愿等方面的情况。人口少的村的村民委员会可以不设下属的委员会,由村民委员会成员分工负责人民调解、治安保卫、公共卫生等工作。

人民调解委员会是村民委员会和居民委员会下设的调解民间纠纷的群众性组织,任务是调解民间纠纷,在基层人民政府和基层人民法院指导下进行工作。人民调解委员会由委员3~9人组成,设主任1人,必要时可以设副主任。人民调解委员会委员除由村

第三章 坚持开展依法治村,有效开展村民自治

民委员会成员兼任的以外,由群众选举产生,每3年改选1次,可以连选连任。

治安保卫委员会是发动群众协助人民政府维护社会治安、同一切刑事犯罪活动作斗争的一个基层群众性治安保卫组织,是村民委员会的一个下属机构。治安保卫委员会的委员人数应视村民的数量及治安形势,由3～11人组成,设主任1人,副主任1～2人。治安保卫委员会成员由群众选举产生。由村民提出候选人,经过民主协商,村党支部和公安保卫部门审查后进行选举。候选人必须政治思想好、作风正派,能联系群众,热心治保工作,有一定业务能力。可以连选连任。

公共卫生委员会是负责办理卫生宣传、治理环境、防病治病等公共卫生事务的基层群众性组织。可以按工作需要,选择热心卫生工作,有一定专业知识的村民,经过选举组成公共卫生委员会。

除上述三个委员会以外,根据需要还可以设立一些其他委员会,如计划生育委员会等。

五、村民会议

(一)什么是村民会议

按照一般人的理解,似乎村民委员会是本村的最高权威,其实不是。村民会议才是农村社区的最高权力机构,村民委员会是村民会议的执行机构,村民委员会对其负责并报告工作,并接受其监督。

村民会议是村民集体讨论决定涉及全村村民利益问题的一种组织形式,是村民行使自治权利的根本途径和形式。凡涉及全村村民切身利益的问题,应当由村民会议集体讨论决定。

城郊村干部如何当好新农村建设带头人

(二)村民会议的组成

村民会议由本村18周岁以上的村民组成。关于这一规定,具体应把握以下几点:一是参加村民会议的村民应年满18周岁。18周岁以下的人属于未成年人,不具备完全民事行为能力,即使已经参加了生产劳动,以自己的劳动收入为主要生活来源,也不能参加村民会议,不是村民会议的组成人员。二是参加村民会议的必须是本村村民。三是依照法律被剥夺政治权利的本村村民可以参加村民会议,对村民会议讨论的各项问题发表意见,但在选举村委会组成人员时,不享有选举权和被选举权;在罢免村委会组成人员时,不享有表决权。

(二)村民会议的形式

村民会议有两种形式。第一种是由本村18周岁以上的村民参加的会议,这是村民会议的最基本的形式,也是最完整的形式。第二种是由每户派代表参加的会议,是特殊情况下召开的不完全的村民会议。只有在居住分散、或外出人员较多,全体村民不易召集的地方,才采取户派代表的形式。一些重大的村务活动,如选举村委会组成人员、罢免村委会组成人员、讨论通过村民自治章程等,都不能采取户派代表的村民会议的形式。

(三)村民会议召开的条件

由18周岁以上的村民过半数参加,或者有2/3以上的户派代表参加,才能召开村民会议,否则是无效的。

(四)村民会议的表决

少数服从多数,即村民会议所作的决定应当经到会人员的过半数通过,只有这样的决定才对全体村民有约束力。

(五) 关于列席村民会议

随着农村社会主义经济的不断发展,村委会同外界的联系越来越多,村内有不少驻在本村的企业、事业单位和群众组织,他们同本村发生着各种利益关系。村民会议在讨论本村村务时,往往会涉及到他们的利益,这时就要邀请他们派代表列席村民会议。列席会议的代表不具有表决权,但当需要他们出钱、出力时,应征得他们的同意。

(六) 村民会议的召集

村民会议由村民委员会负责召集。村委会作为村民自治的组织者和执行者,召集村民会议既是它的职权,又是它的义务。根据村委会组织法的规定,在下列情况下应当召开村民会议:①村委会的设立、撤销、范围调整;②村民选举委员会的产生;③罢免村委会成员;④听取审议村委会工作报告;⑤讨论决定涉及村民切身利益的事项;⑥制定、修改村民自治章程、村规民约;⑦有 1/10 以上村民提议召开村民会议。村民会议一般由村委会全体成员集体主持。所谓集体主持,就是对村民会议的议程、会议举行过程中遇到的问题等,都应当集体讨论决定,不能一个人说了算。村民会议由村委会集体主持,有利于发扬民主,发挥集体智慧,减少失误,也有利于培养村委会成员的民主意识,养成集体讨论决定问题的习惯。当然,村委会集体主持并不等于开会时每一个村委会成员都是会场的主持人。村委会可以协商推荐一人或几人主持会场。主持人应当贯彻村委会集体讨论决定的精神,不能擅做主张,随意改变会议的议程等。对于会议举行过程中遇到的问题,主持人应当及时和村委会其他成员交换意见,集体讨论解决。

(七)村委会与村民会议的关系

村民会议由本村年满18周岁的村民组成,是村民实行自治的权力机构;村委会由村民直接选举产生,是村民实行自治的执行机构和工作机构,二者是自治的权力机构与执行机构和工作机构的关系。这种关系具体体现在:一是村委会执行村民会议的决定。重要问题由村民会议决定,而不是由村委会决定。对于涉及全村村民利益的事项,村委会必须提请村民会议讨论决定,村民会议讨论决定后,由村委会贯彻执行。二是村委会向村民会议负责并报告工作。村委会的权力来源于村民会议,是村民实行自治的执行机构和工作机构,是村民通过村民会议实现其意志和利益的组织者。村委会及其下属任何机构的权利,都不能超过村民会议。村委会的每一位干部都有义务向村民会议如实报告工作情况,从而使村委会的一切工作和活动都对村民会议负责,接受村民会议的监督。

要正确处理好村民会议与村委会的关系,在实际中应注意以下问题:一是树立村民会议的权威性,保证实现法律赋予它的权力。必须保证村民会议按时召开,村委会及其下属机构必须认真执行村民会议的决定,积极主动向村民会议报告工作,接受村民会议的监督。二是村民应积极支持村委会的工作,发挥村委会的作用,为村委会顺利实施村民会议通过的各项决定创造条件。

(八)村委会的职权

1. 审议村委会工作报告 村民会议每年审议村委会的工作报告,并评议村委会成员的工作,这是村民会议的重要职权之一,是村委会向村民会议负责的具体体现,也是村民履行自治权利的体现。按照本条的规定,村民会议每年至少要听取和审议一次村委会的工作报告,以使村民对村委会的工作有足够的了解,增强村

第三章 坚持开展依法治村,有效开展村民自治

委会工作的公开性。同时还可以使村民对村委会的工作提出意见和建议,以便村委会改进工作。

2. 制定村民自治章程

3. 决定重大村级事务 村民群众直接参与村级重大事项的决策,是村民自治区别于国家管理的重要标志之一。村民对村级事务的决定权,是村民自治权的集中体现,也是村民自治的关键环节。凡是涉及全体村民利益的问题,村民委员会必须提请村民会议讨论决定,否则是无效的。

(1)乡统筹的收缴办法,村提留的收缴及使用 乡统筹指的是用于乡村两级办学、计划生育、优抚、民兵训练、交通等民办公助事业的费用。乡统筹费由乡(镇)人民政府编制预算方案,报乡(镇)人民代表大会审议通过,再分配到各个村完成。每个村如何完成乡统筹费的收缴,收缴的标准和办法,不能由少数村委会干部说了算,应当由村民会议根据本村的实际情况讨论决定。

村提留包括公积金、公益金和管理费三项。公积金主要用于农田水利基本建设,购置生产性的固定资产,兴办集体企业等。公益金主要用于供养五保户,补助特别困难户,以及其他集体福利事业的支出。管理费主要用于支付干部的报酬和管理开支。村提留的收缴数量、收缴办法以及用途必须由村民会议讨论决定,以便使村提留取之有度,用之合理,量力而行。

(2)本村享受误工补贴的人数及补贴标准 享受误工补贴的人不仅包括村委会干部,还包括其他需要由群众负担或从村集体经济开支的人员。村委会成员从事村委会的工作,必然要占用大量的时间和精力,应当给予适当的误工补贴。补贴人数和补贴标准不能由少数干部说了算,必须经村民会议讨论决定,避免一些村干部采取种种手段,向村民多收钱,多拿多占。村民会议可以从本村的实际出发,根据本村的经济状况和村委会成员所承担的任务来确定补贴人数和补贴标准。

(3)从村集体经济所得收益的使用 这里的"村集体经济"主要包括:由村投资兴办的各种企业、经济实体;村投资的股份制企业;集体统一经营的收入;出租村农民集体所有房屋、财产所得的收入;各种承包费用;土地补偿费,等等。凡是从村集体经济中所获得的收益必须向村民会议报告,所得收益如何使用,必须由村民会议讨论决定。

(4)村办学校、村建道路等村公益事业的经费筹集方案 目前各地都在加强精神文明建设,很多村都兴办了学校、村建道路、医院、敬老院、幼儿园等公益事业,其经费来源主要从农民群众中筹集。由于我国多数地方农民生活还不富裕,村委会在决定兴办村办学校、村建道路等村公益事业时,其经费筹集方案应提请村民会议讨论,多数群众赞成的事情可以办,多数群众不赞成的,即使是好事,也不能办。

(5)村集体经济项目的立项、承包方案及村公益事业的建设承包方案 村集体经济项目的立项和各种承包方案,与农民群众的切身利益密切相关。过去有的地方在村集体经济项目立项时,没有经过充分论证,村干部说上马什么就上马什么,造成不应有的损失。还有的村干部在决定承包方案过程中,以权谋私,照顾亲朋好友,群众对此很有意见。规定村集体经济项目的立项、承包方案及公益事业建设承包方案必须由村民会议讨论决定,不仅有利于科学决策,减少不必要的损失,同时还有利于化解矛盾,促进廉政建设。

(6)村民的承包经营方案 有的村委会违反党在农村的政策,搞高价发包,或未经村民同意,就收回村民承包的土地,在农民群众中造成很坏的影响。将村民的承包经营方案列为村民会议讨论决定的事项,有利于稳定家庭承包经营体制长期不变。

(7)宅基地的使用方案 国家对土地资源实行严格的管制。按照法律程序,村民申请宅基地、兴建住宅都应经村委会审批后报

第三章　坚持开展依法治村,有效开展村民自治

乡(镇)人民政府审核,由县级人民政府批准。宅基地的使用方案与每户的宅基地审批不同,指的是全村的整体使用方案及审批条件和程序。这个方案是要经过村民会议讨论通过的,通过后由村委会执行。要注意的问题是方案必须符合国家相关的法律法规的规定。

(8)其他事项　村民会议认为由村民会议讨论决定的涉及村民利益的其他事项,也必须由村民会议讨论决定。

六、村民委员会的选举

(一)村委会成员的产生方式

村民委员会主任、副主任和委员,由村民直接选举产生。任何组织或者个人不得指定、委派或者撤换村民委员会成员。

(二)选举权和被选举权

选举权是指村民依照法律规定可以参加村民委员会的投票选举;被选举权是指村民可以被依法提名为村民委员会候选人,被选为村民委员会成员。村民具备以下几个条件就享有选举权和被选举权:

第一、属于本村村民。通常认为,居住生活在本村,户口在本村的村民,属于本村村民。

第二、年满18周岁。是指到选举日为止实足年龄已经达到18周岁,不能按"虚岁"算。

第三、享有政治权利,即未被剥夺政治权利。剥夺政治权利是我国刑法规定的一种附加刑。是否对某人判决剥夺政治权利,要由法院来宣告。被剥夺政治权利的人不享有选举权和被选举权。

村民只要具备上述三个条件就享有选举权和被选举权,不论

他是哪个民族、是男是女,信仰什么宗教,教育程度和经济状况如何。也就是说,村民的选举权不因村民天生差别和后天经济、教育等条件造成的差异而受到影响。

(三)选举程序

1. 推选村民选举委员会主持选举工作 村民选举委员会成员由村民会议或者各村民小组推选产生。具体的产生方式有两种:一是由村民会议推选产生;二是由各村民小组推选产生。推选村民选举委员会的工作由谁主持,法律没有规定,现实中一般是由村党支部或原村委会主持。选举委员会组成人员的数量一般根据村的大小和选民多少来决定。组成人员一般是3～7人。村民选举委员会一经推选产生,就应及时向全体村民公布。村民选举委员会是一个临时机构,换届选举一旦结束,村民选举委员会就应当解散,即村民选举委员会开展工作的时间是从其产生之日起至新一届村委会召开第一次会议为止。

推选村民选举委员会成员要注意以下问题:一是要坚持对选举委员会成员的素质要求。应当把有威望有能力和乐于为村民服务的人推选出来。二是选举委员会成员结构应当合理,要有一定的代表性。既要有本村党组织和其他群众组织的代表,也要有村民小组长和村民代表,还要有老党员和老干部。三是选举委员会成员要自身公正,依法办事。村委会成员正式候选人不能当选举委员会成员,凡已被推选为村委会成员正式候选人的,应当辞去选举委员会成员的职务,并及时增补他人。

村民选举委员会的任务是主持村委会的选举。村民选举委员会是主持村委会选举的惟一机构,其他任何机构和组织都无权主持村委会的选举。村民选举委员会的主要工作包括以下几个方面:一是接受有关部门对选举工作的指导,制定选举工作方案。组织村民学习法律、法规和有关文件,公布选举日期。二是组织培训

第三章　坚持开展依法治村，有效开展村民自治

本村选举工作人员。三是进行村民登记，审查村民选举资格，公布选民名单，并处理村民对选民名单的意见。四是组织选民酝酿、推荐、提名候选人，根据投票结果公布正式候选人名单。五是同选民商定选举方式和投票表决方法。六是确定、公布选举日期、地点和投票站，主持村民大会的选举及表决。七是受理和调查村民有关选举的申诉和控告。八是监督选举过程，确定选举结果是否有效，公布选举结果并报乡（镇）人民政府备案。九是整理和建立选举工作的档案，总结选举工作。十是处理选举工作中的日常其他事项。

2. 公布选民名单　有选举权和被选举权的村民，经村民选举委员会登记确认，列入选民名单，选民名单应当在选举日的二十日以前公布。谁有资格参加村民委员会成员的选举，谁没有资格，通过村民名单可以得到公开确认。

3. 候选人的提名与确定　选举村民委员会，由本村有选举权的村民直接提名候选人。也就是说，只有本村有选举权的村民才能提名候选人，其他任何机关、团体和个人都无权提名村委会成员候选人。村民直接提名候选人可以有两种方式：一是村民个人提名候选人，二是村民联合提名。由村民个人提名候选人，俗称"海选"，就是由每个村民完全凭自己意愿采用投票的方式提出候选人，以得票多的作为正式候选人，然后进行正式投票，选出村委会成员。由村民联名提出候选人，即由村民采用联合署名的方式提出共同候选人。村民联名提出的候选人过多时，可采用预选的方式确定正式候选人。经过预选确定的正式候选人必须多于应选人数。这就是说，由村民提名产生村委会成员候选人后，在正式选举中都应实行差额选举。

4. 投票

（1）设立秘密写票处　这一规定，主要是由于选举村委会成员时，村民之间都比较熟悉，如果不设立秘密写票处，在其他村民在场的情况下，有些村民可能碍于情面或其他原因，不能在选票上写

上真正想选的人,从而妨碍其行使选举权。因此,在选举时,设立秘密写票处是必要的。

(2)实行差额选举 候选人数多于应当选的人数叫做差额选举。对于村委会主任、副主任和委员都应当实行差额选举。应当注意的问题是,对村委会主任、副主任和委员的候选人,应当分别规定差额数。举例来说,如果选举村委会成员7人,主任、副主任各1人,委员5人,那么主任和副主任的候选人应分别为2人以上,委员的候选人应为6人以上,不能对村委会主任、副主任和委员的候选人只笼统规定一个差额数。

(3)实行无记名投票 村委会选举应采取无记名投票的方式,而不能采取其他方式,如举手表决的方式,以保证村民充分行使选举的权利。村民在填写选票时,可做出四种选择:一是可以投赞成票,但赞成的人数不能超过应选名额,否则无效;二是可以投反对票,选举人对选票上所列候选人可以部分反对,也可以全部反对;三是可以另选他人,选举人可以对全部候选人不同意而另选他人,也可以对部分候选人不同意而另选他人;四是可以弃权,选举人可以对全部候选人弃权,也可以对部分候选人弃权。

(4)公开计票 所谓公开计票,也就是计票的过程应是公开的,而不是秘密的。计票时应当设有由村民推选的监票人和计票人,监票人和计票人要有代表性,产生的程序要民主。投票结束后由计票人当场计票,由监票人监督计票过程。

(5)当场公布选举结果 为保证选举的公开性,选举结果应当当场公布。一方面可以保证村民对选举进行监督,防止有人在会后擅自更改选举结果;另一方面,如果需要另行进行选举,也可以当场进行。

(6)当选的条件 选举村民委员会,有选举权的村民的过半数投票,选举有效;候选人获得参加投票的村民的过半数的选票,始得当选,也称为"双过半"的原则。从理论上说,只要候选人获得全

第三章 坚持开展依法治村,有效开展村民自治

体有选举权的村民的1/4以上的选票即可当选。如果经过投票选举,获得过半数选票的候选人不足应选名额,则需进行另行选举。在另行选举中,候选人获得的选票,仍应超过参加投票的村民的过半数选票始得当选。

(四)法律责任

以威胁、贿赂、伪造选票等不正当手段,妨碍村民行使选举权、被选举权,破坏村民委员会选举的,村民有权向乡、民族乡、镇的人民代表大会和人民政府或者县级人民代表大会常务委员会和人民政府及其有关主管部门举报,有关机关应当负责调查并依法处理。以威胁、贿赂、伪造选票等不正当手段当选的,其当选无效。

1. 妨碍、破坏村委会选举的行为 属于妨碍、破坏村委会选举的行为包括以下几个方面。

(1)以威胁、贿赂等不正当手段,妨碍村委会选举 威胁是指以杀害、伤害、毁坏财产、破坏名誉或者使其受到其他损害等手段进行要挟,使得村民不能按照自己的意愿进行投票的行为;贿赂是指用金钱、财物等物质利益诱使或收买村民违反自己的真实意愿参加选举或在选举工作中进行舞弊活动的行为。

(2)伪造选票 是指假冒选举主持机关的名义,制造选票,使多数村民投票选举的候选人无法当选,扰乱选举正常进行的行为。

2. 举报 对于以上述形式妨碍村民行使选举权、被选举权,破坏村委会选举的,村民可以向下列部门举报:①乡(镇)人民代表大会和人民政府;②县级人大常委会和人民政府;③县级人民政府的有关主管部门,如民政部门、公安部门等。

村民可以就近向乡(镇)人大、乡(镇)政府举报,也可以不经乡(镇)人大或乡(镇)人民政府直接向县级人大常委会、县级人民政府及其有关主管部门举报。无论向上述哪一个机关举报,该机关均应受理,不得相互推诿。有关部门接到举报后,应当对举报的事

城郊村干部如何当好新农村建设带头人

实进行调查,并针对情况作出处理。

3. 处理 对于情节轻微的违法行为,有关机关应当对有破坏村委会选举行为的人员进行批评教育。对于行为人的行为扰乱了公共秩序的,有关部门应当根据法律规定予以处罚。

对于使用法律规定的不正当手段当选村委会成员的,该村委会成员当选无效。对于空缺的村委会成员的名额,可以再次举行选举。

这里应当注意的是,破坏村委会选举的行为,不构成刑法规定的破坏选举罪。根据刑法第二百五十六条的规定,破坏选举罪必须是破坏各级人民代表大会代表和国家机关领导人员选举的活动。村民委员会是群众性自治组织,不属于国家机关,因此,对于破坏村委会选举的行为,应当按照村委会组织法的规定予以处理,而不能以破坏选举罪来定罪量刑。

(五)村民委员会成员的罢免

1. 什么是村民委员会成员的罢免 包括村民委员会主任、副主任、委员等村民委员会成员当选后,并不等于可以为所欲为了,必须严格遵守《村民自治章程》,全心全意为村民服务。否则,可以按照法定程序予以罢免。罢免就是对于任期尚未届满的、严重违法违纪、违反《村民自治章程》的村委会成员按照法定程序免除其职务的行为。罢免权是法律赋予村民的一项权利,对于保护村民利益十分必要,但也要注意防止这项权利被少数人滥用,造成村委会工作的被动。

2. 罢免要求的提出 罢免要求是村民在村委会成员任期届满以前,要求解除自己选出的村委会成员的职务的动议。需有本村 1/5 以上有选举权的村民提出罢免要求。一般应是一个人领衔提议,其他人附署签名,个人单独分别提出不能构成联名。罢免要求应当是书面的,即罢免对象、罢免理由、领衔人和附署人的签名

第三章 坚持开展依法治村,有效开展村民自治

都应是文字的,口头提出不能成立,口头赞同也不能作为联名。提出罢免要求应当写明罢免理由,以便村民鉴别和判断。罢免可以有各种理由,一般来说,可以分为以下四种:一是村委会成员违法犯罪;二是道德方面的理由,如缺乏社会公德、道德品质败坏、作风不正、损人利己、损公肥私;三是工作不称职,没有履行村委会成员的职责;四是违反《村民自治章程》的相关规定。

3. 被提出罢免要求的村委会成员有权申辩 针对罢免要求提出的罢免理由,被提出罢免的村委会成员有权提出申辩意见。申辩可以是书面的,也可以是口头的。为了保证罢免的公正,村委会在收到罢免要求后,应当及时将罢免要求副本送达被提出罢免要求的村委会成员,或将罢免要求的内容告诉被提出罢免要求的村委会成员。

4. 对村民的告知 对村民提出的罢免要求和村委会成员提出的书面申辩意见,应当采取适当的形式让村民提前知晓,以便村民在投票表决罢免要求时作出判断。

5. 投票表决罢免要求 在有符合法律规定的村民联名提出罢免要求并提出罢免理由后,村委会应当及时召开村民会议,对罢免要求进行投票表决。投票表决的程序与选举的程序基本是相同的,但罢免村委会成员须经有选举权的村民过半数通过,即通过罢免动议所需人数比当选村委会成员时所需人数要严格,体现了罢免应当严肃慎重的原则。

七、村民委员会成员的基本准则

(一)遵纪守法

遵纪守法就是遵守宪法、法律、法规和国家政策。认真学习宪法、法律、法规和国家政策是遵纪守法的前提。在带领村民自治的

城郊村干部如何当好新农村建设带头人

过程中要严格依法办事,自治不等于为所欲为,自治必须以遵守法律为前提。

(二)办事公道、廉洁奉公

村委会及其成员有没有威信,村民满意不满意、拥护不拥护,关键是办事公道不公道、廉洁不廉洁。所谓办事公道就是村委会及其成员在办理村民自治事务时要做到合法、合理,一碗水端平。合法就是要符合宪法、法律、法规和国家政策。合理就是要讲道理,要符合公认的道德标准。所谓廉洁奉公就是不多吃、多拿、多占,做到公私分明,不徇私情,不以公谋私,真正以最大多数村民的最大利益为一切工作的出发点和归宿。

要做到办事公道、廉洁奉公,一要正确处理集体利益与个人利益的关系。在农村基层,集体利益和个人利益往往交错在一起。是先公后私,还是先私后公,甚至损公肥私,这对村委会及其成员是一个重要考验。二要坚持原则,善于做说服教育工作。村委会的工作牵涉村民的权利和利益,比如宅基地、计划生育名额该给谁不该给谁,调解民间纠纷时如何分清是非等都必须坚持原则,对不明真相或者无理取闹的村民多做说服、解释、教育工作。坚持原则,有的可能一时不被理解,但时间长了,大多数村民就会有一个比较公正的看法,村委会及其成员的威信就能树立起来,村民自治就可以开展得比较顺利。

(三)热心为村民服务

从事村委会工作没有一份热心肠不行,没有一点奉献精神不行。如果村委会成员都从个人得失考虑,什么都讲按劳取酬,给多少补贴做多少工作,是肯定做不好村委会工作的。热心为村民服务的同时也要注意切合实际,不能好高骛远,要注意工作方法,切忌简单粗暴。

八、村民委员会成员的补贴

村委会组织法规定,村民委员会成员不脱离生产,根据情况可以给予适当补贴。村委会成员有别于政府公务员以及其他国家机关的工作人员,不能从国家领取工资。但村委会成员从事村委会的工作,必然要占用大量时间和精力,应当给予适当的补贴。补贴的方式有两种:一是固定补贴,就是规定一年补多少钱。二是误工补贴,就是根据村委会成员办理村委会的事务实际占用的工作时间,给予适当补贴。如何才能做到适当补贴,应当同本村的经济状况和村委会成员所承担的任务结合起来考虑。一般来说,对村委会成员的补贴,应当大体相当于当地相同劳动力的平均收入。补贴太高,增加村民的负担。补贴太低,影响村委会成员的切身利益,不利于调动村委会成员的积极性,也不利于自治工作的开展。经济状况较好、村民个人收入较高的地区,补贴相应可以高些;反之,补贴相应低一些。村委会成员所承担的任务重的,补贴可以适当高些;反之,可以适当低些。村委会成员的补贴,可以从村民上交的提留中解决,也可以从集体经济上交村委会的收益中解决。享受误工补贴的人数及补贴标准,由村民会议决定。

九、村民委员会开展工作的基本原则

村民委员会的工作原则包括以下几种。

(一)坚持群众路线原则

群众路线是我们党的一项优良传统。村委会作为基层群众自治组织,更应该坚持群众路线。如果不走群众路线,就会失去群众支持,群众自治就会变成少数村委会干部自治。因此,坚持群众路

城郊村干部如何当好新农村建设带头人

线,是村委会开展活动所必须遵循的一项根本原则。

坚持群众路线,一要充分发扬民主,广泛听取各方面的意见,特别是不同意见;二要实行少数服从多数,按照多数人的意见作出决定;三要坚持宣传、解释、说服、教育,不搞强迫命令,不搞打击报复。

坚持群众路线,充分发扬民主,就是要坚持从群众中来,到群众中去。从群众中来,就是村委会办什么事,怎么办,必须广泛听取群众的意见,让群众充分发表意见,把意见都讲出来,做到知无不言、言无不尽。听取群众意见,赞同的意见要听,但主要是听取不同意见、反对意见。因为不同意见、反对意见,更有利于完善原来的设想。对不同意见必须采取兼听则明的态度,对的就吸收,不对的就进行解释,绝不能老虎屁股摸不得,谁提点反对意见,唱个反调,就给人家小鞋穿,在生产、生活各方面给人家制造障碍,甚至采取一些非法手段侵犯别人的人身权和财产权。到群众中去,就是把群众的意见加以归纳整理并按照少数服从多数的原则作出决定后,再到群众中去进行宣传、解释,把大家团结起来,特别是把原来有不同意见的群众团结到一起,形成合力,保证决定的贯彻落实。

(二)少数服从多数原则

少数服从多数是民主的内在要求。实行民主,大家都有权参加涉及公共事务和公益事业等问题的讨论决定,意见难免不一致。以谁的主张为准?只能实行少数服从多数,按照多数人的意见作出决定。如何计算多数?不同情况有不同的计算方法。

就村民会议而言,由于参加会议的人员相对较多,为了使村民会议所作决定既能体现多数人的意愿,又便于作出决定,提高效率,应当实行简单多数。关于简单多数在实践中要注意区别以下两种情况:一种是由全体村民参加的村民会议,应有全体村民的过

第三章 坚持开展依法治村,有效开展村民自治

半数参加,会议方为有效,所作决定应获得到会的村民过半数赞成。比如,某村有 18 周岁以上的村民 100 人,至少必须有 51 人参加会议,会议方为有效。如果有 60 人参加会议,所作决定至少必须有 31 人赞成,才能获得通过。另一种是由户派代表参加的村民会议,应有 2/3 以上的户的代表参加,会议方为有效,所作决定应获得到会的人员过半数赞成。比如,某村有 100 户,至少必须有 67 户派代表参加会议,会议方为有效。如果有 70 户派代表参加会议,所作决定至少必须有 36 户的代表赞成,才能获得通过。

就村委会而言,由于村委会成员人数较少,为了使村委会作出的决定具有民主性,避免少数人专断特别是个人专断,应当实行绝对多数,即应获得全体村委会成员的过半数赞成,才能作出决定。比如,某村有村委会成员共 7 人,凡由村委会作出的决定至少必须有 4 人赞成,才能获得通过。

少数服从多数,按照多数人的意见作出决定后,就成为全村的集体决定,全体村民都必须遵守和执行,不仅投赞成票的村民必须自觉遵守和执行,投反对票的少数人也要服从、遵守和执行,绝不能因为自己不同意而拒不服从、遵守和执行。但对少数人的意见应当尊重,只要这少数人在行动上服从、遵守和执行多数人的决定,应当允许其保留自己的不同意见,不得对其讽刺、排挤、歧视,更不得对其进行打击报复。

(三)说服教育原则

说服教育原则就是村委会开展工作,不能搞强迫命令,而必须靠说服、动员、解释、教育等过细的思想工作来保证各项决定和村规民约的贯彻落实。村委会不是国家政权机关,没有强制力量,对村委会作出的决定和制定的村规民约没有强制力量保证其实施,对违犯村委会决定和村规民约的行为不能使用强制手段,特别不能限制其人身自由,而只能采取说服教育的办法,通过过细的思想

工作,通过摆事实、讲道理,使违犯者知错改错。村委会调解民间纠纷,也只能通过说服教育,在双方自愿的基础上达成调解协议。达不成协议的,村委会不能强制一方如何如何;达成协议后又不履行的,村委会也不能强制其履行。

十、村民委员会的主要任务

村委会的任务包括以下几个方面。

一是办理本居住地区的公共事务和公益事业。公共事务是指与本村全体村民生产和生活直接相关的事务,公益事业是指本村的公共福利事业,包括修桥修路,兴修水利,兴办学校、幼儿园、托儿所、敬老院,植树造林、整理村容、美化环境,扶助贫困等。

二是调解民间纠纷。

三是协助维护社会治安。

四是向人民政府反映村民的意见、要求和提出建议。

十一、村民自治必须处理好几个关系

(一)必须处理好村委会和乡(镇)人民政府的关系

第一,乡(镇)人民政府与村民委员会之间的关系是指导与被指导的关系,不是领导与被领导的关系。根据法律规定,乡(镇)人民政府对村民委员会的工作应当给予指导、支持和帮助,但不得干预依法属于村民自治范围内的事项。

第二,村民委员会要协助乡(镇)人民政府开展工作,完成乡(镇)政府交给的任务。

第三章　坚持开展依法治村,有效开展村民自治

(二)必须处理好村民委员会与党在农村的基层组织的关系

党支部是中国共产党在农村的基层政治组织,应当按照中国共产党章程进行工作,发挥领导核心作用,依照宪法和法律,支持和保障村民开展自治活动、直接行使民主权利。

(三)必须处理好村委会与驻在农村的机关、团体、部队、全民所有制企业、事业单位的关系

第一,驻在村的机关、团体、部队、全民所有制企业、事业单位的人员不参加村委会。

第二,不属于村办的集体所有制企业单位的人员,可以不参加村民委员会。

第三,驻在村的机关、团体、部队、全民所有制企业、事业单位及不属于村办的集体所有制单位的人员必须遵守其驻在村的有关村规民约。他们虽然不属于本村的村民,但由于该单位驻在农村,其活动与该村利益相关,如果他们不遵守驻在村的有关村规民约,则可能损害村民的利益,影响村民正常的生产、生活。因此,应当遵守有关村规民约。这里所强调的是遵守"有关村规民约",并不要求所有的村规民约都要遵守。驻在单位的人员只需要遵守与他们有关的那部分村规民约。

第四,所在地的村民委员会、村民会议或者村民代表讨论和处理同上述单位有关的问题时,应当与相关单位进行协商。应当邀请驻在单位派代表出席有关会议,尊重有关单位的意见,做到协商解决问题,尊重双方意愿,维护双方利益。村民委员会还应当支持驻在农村的机关、团体、部队、企业、事业单位的工作,为他们顺利开展工作提供便利。双方要友好相处,团结互助。

城郊村干部如何当好新农村建设带头人

十二、坚持村务公开是开展村民自治的关键

根据《村民委员会组织法》的规定,村民委员会必须实行村务公开制度。村务公开就是将涉及村民切身利益和村务管理的重大事项定期向全体村民公布,以体现民主管理的精神,将村委会的工作置于群众的监督之下。根据《村民委员会组织法》的规定,村民委员会应当及时公布下列事项,其中涉及财务的事项至少每6个月公布一次,接受村民的监督:第一,根据《村民委员会组织法》的规定应当由村民会议讨论决定的事项及其实施情况;第二,国家计划生育政策的落实方案;第三,救灾救济款物的发放情况;第四,水电费的收缴以及涉及本村村民利益、村民普遍关心的其他事项。

村民委员会应当保证公布内容的真实性,并接受村民的查询。村民委员会不及时公布应当公布的事项或者公布的事项不真实的,村民有权向乡(镇)人民政府或者县级人民政府及其有关主管部门反映。有关政府机关应当负责调查核实,责令公布;经查证确有违法行为的,有关人员应当依法承担责任。

十三、依法治村是开展村民自治的保障

(一)什么是依法治村

依法治村是我国的独创。依法治村是基层广大人民群众在党的领导下,依照现代法治精神,将法律手段作为农村社区管理的基本手段,通过认真贯彻有关法律法规、严格依法办事,以及依法制定相应的村规民约等规范,来实现对农村社区的管理。依法治村

第三章　坚持开展依法治村,有效开展村民自治

的实质是对长期以来人治思想的否定。人治思想在我国源远流长,乃至在今天人们的思想观念当中依然阴魂不散。作为人治思想的体现,在漫长的中国封建社会,宗族统治和家长特权是农村治理的基础。实现依法治村就是要摒弃人们习惯了的治理模式,村干部要克服特权思想,群众要树立民主与法制观念,提高自身的法律素质,按照法治的要求对农村社区进行管理。

依法治村的内容应包含以下几方面。

第一,农村基层干部和村民有较强的法律意识和较好的法律素质,这是开展依法治村的思想基础。

第二,建立健全规章制度,规范村级管理行为。

第三,依据《村民委员会组织法》加强基层组织建设,提高村民自治水平。

第四,完善监督约束机制,强化民主监督。

第五、运用法律手段对村务进行管理处理、解决各种纠纷。

(二)为什么要实行依法治村

依法治村是依法治国的基础工程,这是我国的基本国情所决定的。我国地域辽阔,农村地域广,其面积占我国总面积的70%;我国又是一个近13亿人口的大国,其中70%以上的人口在农村;农业始终是国民经济的基础,农村稳、全国稳,农村治、全国治;农村法治即依法治村应是依法治国的基础。党的三代领导核心均特别强调农村问题的极端重要性,并对此有许多精辟的论述。毛泽东成功地解决了农村问题,就夺取了革命战争的胜利。他深刻指出:"中国有百分之八十的人口是农民,这是小学生的常识。因此,农民问题就成了中国革命的基本问题,农民的力量,是中国革命的主要力量。"* 在社会主义革命和建设时期,农村问题仍是一个全

---

* 《毛泽东选集》第3卷. 人民出版社,1991年。

局性的重大问题。邓小平对此曾多次强调指出:"从中国的实际出发,我们首先要解决农村问题,中国有80％的人口住在农村,中国稳定不稳定,首先要看这80％稳定不稳定,城市搞得再漂亮,没有农村这一稳定的基础是不行的。"* 江泽民同志亦高度重视农村问题,他在1999年10月18日为《中国农民基本常识读本》所作序言中明确指出:"我国有12亿多人口,9亿在农村。农业、农村和农民问题,是关系到我国改革开放和社会主义现代化建设全局的重大问题。"他认为,建设社会主义法治国家,离不开广大农民同志的积极参与,否则,依法治国就不可能得到全面落实。要依法治国,就必须切实重视农村的法制建设,努力实现农村工作法制化,实现依法治村。否则,就会失去依法治国的基础,建设社会主义法治国家也就成为一句空话。从实践上来看,我国在村民自治中积累了大量有益的经验,并自下而上,从基层稳固牢靠地向上发展。村民自治是依法治村的基本模式,也是依法治村的显著标志。党的十五届六中全会对村民自治的伟大实践给予了高度的评价,指出这是党领导亿万农民建设有中国特色社会主义民主政治的伟大创造。因此,农村问题是社会主义现代化建设的重要问题,依法治村在依法治国这个系统工程中的地位举足轻重。

依法治村是农村基层民主法制建设的重要组成部分。农村基层民主法制建设是在党的领导下,亿万农民依照法律和规章制度管理基层公共事务和公益事业的生动实践,是实施依法治国方略的基础工程,是社会主义政治文明建设的重要组成部分。依法治村的根本意义在于贯彻党的十六大关于扩大基层民主、加强社会主义法制建设的精神,落实依法治国基本方略,保障农民当家作主,促进农村各项事业的依法管理,推进农村全面建设小康社会的进程。

---

* 《邓小平文选》第3卷.人民出版社,1993。

第三章　坚持开展依法治村,有效开展村民自治

加强农村基层民主法制建设,是农村全面建设小康社会的一项重要任务,对于全面贯彻党的十六大精神,维护农村的改革发展和稳定的大局,保障和促进农村物质文明、精神文明和政治文明的协调发展,都具有十分重要的意义。

改革开放,特别是党的十三届四中全会以来,包括依法治村在内的农村基层民主法制建设有了长足发展,取得了显著成效。当前,我国已经进入全面建设小康社会,加快推进社会主义现代化的新的发展阶段,对我国农村基层民主法制建设提出了新的更高的要求。进一步加强农村基层民主法制建设,对于全面贯彻落实"三个代表"重要思想,实现和维护农民群众的根本利益;落实党在农村的各项方针政策,调动农民群众的积极性;推进我国民主政治建设进程,建设社会主义政治文明,保证农民当家作主;增强广大农村干部群众的法律素质,提高农村依法治理水平;密切党群、干群关系,维护社会稳定,都具有十分重要的意义。

(三)依法治村的指导思想

依法治村的指导思想是高举邓小平理论伟大旗帜,全面贯彻"三个代表"重要思想,按照党的十六大要求,扩大农村基层民主,完善村民自治,进一步加强农村法制宣传教育,提高农民的法律素质,增强农村干部群众的法制观念和依法办事的能力,推进农村依法治理,提高农村法治化管理水平,促进农村物质文明、政治文明、精神文明的协调发展,为农村全面建设小康社会做出积极贡献。

(四)依法治村的基本原则

1. 坚持党的领导　党的领导是人民当家作主和依法治国的根本保证。要把党的领导、人民当家作主和依法治国有机统一起来,充分发挥社会主义民主政治的优势。认真贯彻执行党在农村民主法制建设方面的路线方针政策。充分发挥农村基层党组织的

领导核心作用和党员的先锋模范作用,保证农村基层民主法制工作的健康有序发展。

2. 坚持人民当家作主 人民当家作主是社会主义民主政治的本质要求。要尊重农民的民主权利,尊重农民的首创精神,保护农民管理基层公共事务和公益事业的积极性。最广泛地动员和组织农民群众开展基层民主实践,在实践中提高自我管理、自我教育、自我服务、自我监督的水平。及时总结和推广有利于农民当家作主的好经验,完善保障农民当家作主的各项制度。

3. 坚持依法治国 依法治国是党领导人民治理国家的基本方略。要加强法制宣传教育,增强农村干部群众的法制观念和依法办事能力。依法建制、以制治村,把农村的各项事务纳入依法管理的轨道,不断提高农村的法治化管理水平。不断完善依法治理和民主管理的规章制度。严格依法办事,任何组织和个人都不允许有超越宪法和法律的特权。

4. 坚持为农村工作大局服务 建设现代农业,发展农村经济,增加农民收入,是农村全面建设小康社会的重大任务。要积极促进农村各经济主体依照市场规则进行公平合理的合作与竞争。依法规范农村各种利益关系,正确处理各种矛盾纠纷,维护农村社会稳定。加强农村的思想道德教育和法制教育,坚持法治与德治相结合,促进农村经济社会发展和精神文明建设。

(五)依法治村的目标

依法治村所要达到的目标是:农村基层民主更加健全,农村基层自治组织切实发挥作用,民主选举、民主决策、民主管理、民主监督制度更加完善,农民群众参与管理基层公共事务和公益事业的权利得到切实尊重和保障,不断健全村党组织领导的充满活力的村民自治机制。农村基层法制更加完备,农民群众的法律意识明显增强,法律素质得到进一步提高,村民自治章程、村规民约以及

第三章 坚持开展依法治村,有效开展村民自治

各项规章制度更加完善,农村干部群众的依法决策、依法管理、依法办事的能力进一步增强,农村的法治化管理水平逐步提高。社会秩序良好,人民安居乐业,形成农村物质文明、政治文明和精神文明建设进一步协调发展的良好局面。

第四章　贯彻以人为本,加强城郊精神文明建设

多年来,随着党的富民政策的实施,广大农村居民的生产、生活条件有了很大的改善。城郊以其处于城乡结合部的得天独厚的条件,在城市化过程中不断受到冲击。人民群众的生活水平逐年提高,特别是市场经济体制逐步健全,广大农民在市场经济大潮中经过碰撞、磨合,现代化的观念不断影响农村,群众思想发生了较大变化。积极向上的思想观念成为群众精神世界的主流。但是正如我们打开窗子时,新鲜空气进来了,苍蝇蚊子也会飞进来。在从传统社会向现代社会的转型时期,地处城市农村过渡地带的城郊也处于传统农村观念和现代城市文明的交汇处,人们思想中传统观念最先受到来自城市现代文明的冲击,出现了许多新的情况和新的问题。邓小平同志再三强调要两个文明一起抓,农村的精神文明建设是我们这些新农村建设带头人要花大力气去考虑的问题。

党的十六届五中全会明确提出:"建设社会主义新农村是我国现代化进程中的重大历史任务,要按照生产发展、生活富裕、乡风文明、村容整洁、管理民主的要求,扎实稳步地加以推进。"为了全面了解掌握新时期社会主义新农村建设现状和存在的问题,近年来,随着国家对于"三农"问题的日益重视和农业投入力度的不断加大,以及各项支农惠农政策的出台和落实,极大地调动了农民发展农业生产的积极性。农村经济稳步发展,农民生活水平显著提高,农民生产生活条件逐步改善,科技文化教育加快发展,农村经济与各项社会事业正在朝着全面协调可持续的方向发展。这就为农村精神文明建设提出了更严峻的任务。

第四章　贯彻以人为本,加强城郊精神文明建设

一、城郊农村社会文化"荒漠化"

当前,农村精神文明建设总的来讲是好的,全国各地涌现出很多文明生态村。带头致富的能人,带领农民群众勇闯科技发展关、不断培育新品种,拓宽致富门路,是农民生活节节攀升的好带头人和领路人。

但是,由于新中国直接脱胎于半殖民地半封建的社会,加之现在我国经济和文化仍然比较落后,使得几千年来形成的旧风俗、旧习惯仍然根深蒂固,不可能在短期内就能消除干净。特别是近年来,由于我们正处在体制的转换时期,加上我们的工作确实存在着"一手硬,一手软"的现象,使得封建迷信活动和陈规陋习又有抬头之势。在一些地方,一些人迷信于看相算命,迷信于鬼神保佑。有的农民生病不是去医院看病,而是花大钱请来巫婆、神汉,酿成许多家破人亡的悲剧;一些地方没钱建学校,却舍得花钱修庙宇,搬神弄鬼地搞得乌烟瘴气。这些事实说明,由于有的人文化素质低,才使得这些封建迷信有滋生的土壤,如不铲除会害人不浅。各种封建迷信活动和种种陈规陋习的危害是十分严重的。其中,尤其以封建迷信活动危害为烈。封建迷信活动不仅毒化社会风气,影响正常的社会秩序,危害人民群众的身心健康,造成资源和资金的极大浪费,而且阻碍科学知识的普及和传播,无论对物质文明建设还是精神文明建设,都具有极大的破坏力。"法轮功"组织之所以能够猖獗一时,成为我国社会的一大祸害,一个重要的原因,就在于在我国的公民中,还有许多人不相信科学而信鬼神,从而使邪教有了生存和发展的土壤。如果我们再不同封建迷信和陈规陋习作彻底的决裂,任凭他们滋生蔓延,说不定什么时候又会冒出一个什么"功"来。

由于文化素质低,也使邻里之间纠纷不断。本是小小矛盾,却

反目成仇,甚至酿出人命。比如陕西省某个有着1 000多人口的村子,村子里有将近一半的人姓"索",几年前在索姓家族里发生了一件事,使得本是同根的一家人反目成仇。1999年3月,胡巧云家翻盖新房子,拆下来的木制楼板堆放在索生盘家的房后,索生盘家的房后是弟弟索生德家的大门,胡巧云的楼板放在那里妨碍了通往索生德家的路。索生盘多次要求胡巧云将楼板搬走,并因此而发生争吵。这本是一件小事,如果双方各让一步,此事不难解决。可是当事人反其道而行之,使此纠纷愈演愈烈。索生德推倒了楼板,胡巧云破口大骂,索生德又急又气,回头去捡倒在地上的锄头时,却一头栽倒在地上,到医院经过一番抢救还是没能醒过来,索家认为索生德是被胡巧云骂死的。一气之下将尸体停放在胡巧云家长达59天,后来在法院干预下才将尸体抬出安葬。使原本是友好的邻居、同根的一家人,拒绝调解而对簿公堂。由邻里纠纷而酿成的命案,在全国并不少见,可见在农村加强精神文明建设迫在眉睫。

影响农村生产力发展的障碍,除了旧思想、旧观念,还有盲目攀比,婚事大操大办,有时在酒桌上把辛辛苦苦挣来的钱吃喝一空。过去,农村青年结婚,被古老的"迎娶、拜堂、闹洞房"婚礼三部曲束缚着,还有的花样翻新,如送"离娘肉"、新娘"连三搬"等,同时还掺杂着封建迷信色彩,如新娘下"轿"跨火盆,新婚"坐福","拜祖先",等等。众人陪伴,大摆酒席,主人日夜操劳,人困马乏,四邻不安。一些农户为筹办婚事举债累累,连简单的再生产都难以为继。结婚是人生中的大事,想办得隆重些是可以理解的,但不顾个人的经济条件去盲目攀比和打肿脸充胖子,随风就俗,大肆挥霍,则会使婚事大操大办的不正之风愈刮愈烈。大吃大喝、铺张浪费之风久盛不衰。遇有红白喜事讲排场、比阔气,这是中国百姓多年遗留下来的陋习,如今在农村的许多地方,这个陋习仍然顽固不化,相当普遍。有些农民为了把婚丧嫁娶办得"体面"一些,甚至借下"高

第四章 贯彻以人为本，加强城郊精神文明建设

利贷"，背上了沉重的经济包袱。此外，有些农村土葬之风也很盛，大量的农田被毁掉用于搞坟墓、立碑，甚至不惜几万元、十几万元为还活着的人建造坟墓。农村丧葬的攀比性消费导致一个普通农民的葬礼就能消费掉一个普通农户一年的纯收入，葬礼消费和人情债成了农民经济生活的一个沉重负担，亟需引起有关部门重视。

宗族活动有愈演愈烈之势。宗族活动是一种以血缘关系为纽带的，把宗族利益置于国家和集体利益之上而进行的活动。主要表现在一些地方存在着建宗庙、选族长、宗族械斗等旧社会遗留下来的落后习俗。宗族活动的存在和发展给农村社会带来一系列问题，使得在农村基层组织和政权之外，又形成另外一种权力机构，这就不可避免地削弱农村基层组织的权力和战斗力，同时也会给当地的社会治安和社会稳定带来极大麻烦。

"黄、赌、毒"泛滥，严重毒化社会风气。这些年由于种种原因，"黄、赌、毒"又沉渣泛起，死灰复燃。这些丑恶现象不仅使一些家庭妻离子散、家破人亡，而且还滋生种种罪恶，严重损害人们的身心健康，毒化社会风气。据《哈尔滨日报》报道，一批自称是从吉林省和辽宁省来的"二人转"演员在哈尔滨道外区的老影院"上演"着"二人转"，内容淫秽低俗，动作不堪入目。"黄色二人转"的异常火爆，引起了周边群众的强烈不满，他们认为，这种低俗的演出，传播不健康文化，影响了道外区的形象，希望有关部门能来管一管。

网吧已经成为危害农村青少年身心健康的主要毒源之一。泡网吧对农村青少年的负面影响很大，有些农村青少年整天沉迷于网络，游手好闲，不问农事。网吧里还经常发生打架、斗殴，更有甚者，甚至发展到偷窃、抢劫，走上犯罪道路。现在已有不少农村治安事件都是因为"泡网"而引发的。

有的地方，农闲时农民无事可做，因而赌博成风。尽管公安部门三令五申，但上有政策，下有对策，照赌不误。赌博是社会一大毒瘤，是造成社会不安定的重要因素。赌博害得有的人妻离子散，

有的人家破人亡。比如李某原本是很有前途的年轻人,非常聪明,在村委会当会计,并搞新品种培育,年收入在万元以上,一家三口生活得和谐美满。由于交了一些酒肉朋友,这些铁哥们农闲时除了喝酒就是打麻将赌博,开始李某只是喝酒不打麻将,但经不起这些人的冷嘲热讽、生拉硬拽,他也逐渐参与进去,从而一发而不可收拾,由"小打小闹"发展到上外地去赌博,甚至是狂赌。家里积蓄花光了,就到处弄钱,从村里套钱,从亲友那里骗钱,妻子与亲友苦苦相劝也无济于事。村委会发现他赌博,就撤了他的会计工作。这时,李某就有一个想法:想把赌输的十几万元赢回来,但是越赌越输,越输越赌,妻子无奈只好领着孩子离他而去。原本一个美满幸福的三口之家,就这样解体了。赌红了眼的李某要赌没钱,就变卖了房子和土地,由于妻离子散,思想极其混乱,卖房子卖地的钱很快就输光了,没有赌资怎么办?他就去偷去抢。几次得手后,认为这样来钱挺容易,就边偷边赌,后来干脆到大城市去偷去抢,最后被群众扭送公安局,进了班房才大梦初醒,但已悔之晚矣!

在不少地方开展的农村文化活动中,很少看到年轻人的身影。震天的腰鼓和高亢的唢呐声中,披红戴绿的都是中老年人。农村青年人正在成为农村文化建设缺位的主角。虽然近年来许多地方采取了一些措施加强基层文化建设,丰富群众的精神生活,但是,基层文化人才队伍薄弱,且严重老化,已成为制约基层文化发展的一大桎梏。乡村建设重在文化建设。农村文化建设的内容很多,主要就是发展大众文艺、大众体育、大众活动。人是需要文化滋养的,因为文化可以对人的修养、气质、眼界、能力、思想等各个方面发生潜移默化的影响。已经富起来的农民需要文化。没有健康的文化去满足他们的这种需求,不健康的东西就会乘虚而入,赌博斗殴、求神拜佛等,往往就是在文化生活匮乏的情况下出现的。尚未富起来的农民更需要文化。贫困与愚昧总是联系在一起的。"知书达礼",历来就是中国农民的一种精神向往。有了文化才能使人

第四章 贯彻以人为本,加强城郊精神文明建设

视野开阔,信息灵通,掌握方法,抓住机遇。只靠一把锄头二亩地,肯定赶不上趟儿。

二、加强城郊精神文明建设迫在眉睫

我国是个有着悠久历史文明的国家。古老的历史和文明留给我们一笔丰厚的文化遗产。同时,由于我国地域辽阔,又是多民族国家,加之历史和自然的原因,各地、各民族都形成了一些独具特点的文化和生活习俗。总的来看,这些传统的文化和习俗是积极向上的,包含着许多精华成分,是世界文化宝库的奇葩,同时也是千百年来维系中华民族大家庭生生不息、团结统一的坚强纽带。对于中华民族古老而灿烂的文明和在此基础上产生的文化和习俗,国家一直是尊重和支持的,而且一直号召人民继承和发扬这些优良的民族文化传统。比如有很多农村家庭,婆媳、妯娌关系融洽,尊老爱幼,一家人其乐融融。

但是,我们必须看到,由于我国人民长期处在封建专制统治下和小生产的社会环境中,又由于我国经济和技术长期处于比较落后的状态,因此在我们的传统文化和风俗习惯中,不可避免地包含着一些落后的甚至是属于糟粕的东西,比如热衷于封建迷信、遵从陈规陋习都是这些糟粕文化的反映。当这些落后的东西汇成一股势力的时候,就会阻碍社会的发展和进步。正因为如此,我们党一直主张在继承发扬优良传统文化的同时,对阻碍经济发展和社会进步的封建迷信和旧的习惯势力予以坚决的革除。新中国成立后不久,毛泽东就代表中国共产党人发出了"移风易俗,树新风"的号召,组织开展了宣传教育,为社会主义制度的巩固,为社会主义一代新风的树立创造了条件。

党的十一届三中全会以后,我们党在大力发展社会主义物质文明的同时,并没有放松社会主义精神文明建设。党的十二届六

城郊村干部如何当好新农村建设带头人

中全会、十四届六中全会、十五届三中全会等重要会议都对加强社会主义精神文明建设,教育和引导农民破除封建迷信、克服社会陋习、树立社会新风的意义和方针作了重要阐述。党的十五届三中全会通过的《中共中央关于农民和农村工作若干重大问题的决定》再次强调要"引导农民移风易俗,革除陋习",要反对封建迷信活动,禁止"黄、赌、毒",可见,无论过去和现在,在农民群众中开展移风易俗活动,始终是基层精神文明建设的重要内容。

通过努力,农村精神文明建设有了长足进步,主要表现在:首先,市场经济的发展促进了农村公民道德意识的觉醒。市场活动的自主性和竞争性,激发起农民个体的独立意识和主体意识,强化了他们的自信心和进取精神,促使农民的道德意识从计划经济体制下的"依赖顺从型"向市场经济体制要求的"独立自主型"转变。其次,市场经济的发展带来了农民道德观念的更新。市场经济运行的原则和内在要求是自主经营、平等竞争、公平交易、公正分配,开放流动。这就要求农民逐步树立符合市场经济需要的自立、自尊、竞争、开拓、创新、平等、民主等一系列新观念。再次,市场经济的发展强化了农民道德自律的能力。在市场活动中,市场主体间的经济关系是通过"契约"的方式建立和维系的,这种经济关系的存在和运作以双方对契约的自觉履行为前提,客观上就要求农民遵纪守法,诚实信用,这无疑进一步强化了农村农民道德自律的要求。总之,社会主义市场经济让农民从以往的那种人生依附关系及相关的道德观念的精神束缚中解放出来,从而为新的道德、新的风尚的形成和发展提供了物质条件和精神土壤,促进了道德的进步。

在道德进步的同时,农村发展的精神文明建设出现了形式多样、丰富多彩的好势头。主要表现在:

1. 形式多样 根据农村实际,各地普遍开展了扫除文盲、送科技、文化下乡等活动,有效地提高了农民的思想文化素质,有效地规范了农民的道德和行为,广大农村出现了学文化、学技术,争做文明人的好风气。

2. 责任明确 对于搞好农村精神文明建设,各级都有明确的责任制,财政投入也有明确的比例规定,为经常化、制度化打下了一定基础。

3. 效果明显 农村精神文明建设最大的进步,一是观念更新。农民初步确立了市场观念,种田不再固守粮食,大力调整家庭经济结构,发展以水果、蔬菜、烤烟、蚕桑、药材为重点的种植业,发展生猪、牛、羊、兔等为重点的养殖业,收入大大增加。挣钱不再固守土地,农村有60%左右的青壮年离乡离土,外出打工,兴办私营企业,甚至成为全国知名的农民企业家。二是政策意识、科技意识、法制意识增强。由于农村广播,电视事业的发展和广泛开展送政策、送科技、送文化下乡活动,农民的政策、法律,科技意识增强。运用政策、法律、科技的自觉性增高。三是农村精神文明的典型大量涌现。由于两个文明一起抓,一些乡村由穷变富,由乱变治,物质文化生活质量提高,与城市间的差别大大缩小。

三、以人为本,和谐发展,加快农村精神文明建设步伐

农村精神文明建设,包括农村思想建设和农村文化建设两个方面。推进农村精神文明建设,要把思想道德教育工作作为农村精神文明建设的基础工作;要把普及科技知识、移风易俗作为农村精神文明建设的重要任务。

要教育广大农民群众破除迷信,移风易俗,树立文明风尚,一方面要靠各级党组织坚持不懈的思想教育和引导,另一方面,则需要广大党员和干部发挥模范带头作用。党的十四届六中全会通过的《中共中央关于加强社会主义精神文明建设若干重要问题的决议》中指出:加强精神文明建设,首先要从严治党,搞好党风;共产

党员要在社会发挥表率作用,党的领导干部要在全党发挥表率作用。共产党员与农民群众朝夕相处,他们的一言一行,对周围的群众有很大的影响力。如果我们共产党员对封建迷信和陈规陋习无动于衷,不抵制,不反对,甚至参与其中,就会助长封建迷信和陈规陋习的蔓延,也会严重损害党的形象。相反,如果我们每一个共产党员都能对封建迷信和陈规陋习大声说"不",不仅自己不参加一切有悖于社会主义精神文明和道德规范要求的活动,而且也教育自己的家人和周围群众放弃陈规陋习,同封建迷信作坚决的斗争,那么,一切封建迷信活动和陈规陋习就没了市场,一切文明和进步的东西就会得到弘扬,一个崇尚科学、讲求文明的社会风尚就能够形成,社会主义的文明之花就能开遍农村的田野和村庄。

(一)党政组织科学文明理念的树立

党员干部要做反对封建迷信活动的模范。不仅自己不参加任何封建迷信活动,而且应在群众中进行"无神论"教育,帮助群众用科学战胜愚昧,用唯物史观战胜封建迷信,用健康文明的文化活动占领城乡文化阵地,为两个文明建设创造良好的社会环境。

领导干部还要做反对宗族活动的模范。宗族活动把宗族的利益置于集体和国家利益之上。宗族活动严重的地方,基层党组织和政权的威信受到挑战和削弱。共产党人是姓"公"的,应当为着最广大的人民群众利益而奋斗。而狭隘的宗族观念与此却是格格不入的。因此,党员干部要带头根除头脑中的宗族观念,对待宗族活动,不仅不能参加,而且要站出来进行制止。党员群众在处理利益关系时,一定要站在大多数人的利益上考虑,绝不能把宗族的利益置于集体和国家利益之上。

党员干部要做敢于同"黄、赌、毒"作斗争的模范。"黄、赌、毒"是违法犯罪行为,党员干部是万万沾不得边的,否则"一失足成千古恨",就会丧失共产党员的资格,就要受到党纪国法的制裁。但

第四章 贯彻以人为本,加强城郊精神文明建设

是,共产党员仅仅自己做到洁身自好是不行的,还必须用自己的言行去影响周围的人,使他们也远离"黄、赌、毒"。对发生在自己身边的犯罪行为,要勇敢地站出来,与之作坚决的斗争。眼下农村不少地方赌风较盛,一些党员干部也参与赌博。有些人觉得,"自己只是耍些小钱,不来大的,没啥了不起的。"殊不知,"耍小钱"和"耍大钱"本质上只是"五十步"和"百步"之区别,都是赌博行为,那些"大赌"、"豪赌"者,大都是先从"小赌"开始的。因此,身为党员,尤其是领导干部,是绝对不能参加赌博的,即使是"小赌一把"也是十分危险的,都有可能把你带入歧途。

俗话说,不破不立,但是破并不是惟一的目的。我们在破除落后的观念和习俗的同时,还必须倡导一种新的、与社会主义经济和社会制度相适应的、科学和文明的生活风尚。这是一个浩繁的工程,除了各级党组织和政府大力倡导和积极支持外,同时还离不开广大党员和干部发挥模范带头作用。因此,党员干部在带头破除迷信和陈规陋习的同时,还必须带头更新观念,带头树立科学文明的新的生活风尚。

领导干部要做破除迷信和移风易俗的模范,必须加强学习。政治上的清醒来源于思想上的坚定。而思想上的坚定是靠不断的学习和思想上的不断改造才能实现的。一些农村党员干部之所以参加封建迷信活动,成为赌博等陋习的参与者,一个重要的原因就是放松了学习,放松了世界观的改造,精神空虚,只能从封建迷信和低级趣味中寻找安慰。因此,农村干部要自觉学习马列主义、毛泽东思想、邓小平理论,用"三个代表"武装头脑,才能在关键的时刻把握自己,才能在移风易俗和反对封建迷信中发挥好模范带头作用。

在农村精神文明建设中,不但要把思想道德教育作为农村精神文明建设的基础工作认真抓好,还要抓好农村思想文化阵地建设。因为,抓好农村思想文化阵地建设,才能使农村移风易俗工作

落到实处。

在农村文化工作中要敢于创新。创新是一个民族的灵魂,是一个国家兴旺发达的不竭动力。中央领导明确要求"必须结合新的实践和时代的要求,结合人民群众精神文化生活的需要,积极进行文化创新,努力繁荣先进文化,把亿万人民紧紧吸引在有中国特色的社会主义文化的伟大旗帜下。要贯彻落实好这一思想,必须在农村文化工作中不断创新思维,积极探索新时期农村文化建设的新途径、新方法。只有紧紧依靠人民群众的智慧和力量,发展先进文化才能落到实处,因为人民群众是推动历史前进的动力,也是实现跨跃式发展的决定性力量。

我们应注意到,真正转变观念,切忌用牺牲精神文明来换取一时的经济繁荣。现在一些地区之所以"黄、赌、毒"和封建迷信泛滥成灾,关键在于这些地方的领导人发展经济的指导思想不正确,不是从本地资源特点研究项目,而是从人性的弱点出发,误导群众,如开设赌场、为淫秽的娱乐场所提供保护、大修寺庙等。这些项目虽然一时带来繁荣,但终究是法律不允许,道德不容。不仅项目是无本之木,无源之水,更重要的是败坏了风气和道德,弱化了民族精神,对物质文明建设必然起阻碍作用。要充分利用现代化媒体宣传新文化。地市以下的基层电视台都在播放什么节目?有些电视台只干三件事:新闻让领导露露脸;广告密集得让群众翻白眼;电视剧看得观众分不清点。基层电视台成为地方领导的亮相舞台,成了一些部门的赚钱工具,而对群众急需的农业生产技术、群众渴求的文化生活问题,他们几乎不予关注。"广告过后还是广告""变相的医疗广告!"

政风廉洁,多办实事,是解除群众信仰危机行之有效的办法。许多农民之所以对政府有抵触情绪,一是他们对一些政府官员吃喝玩乐、行贿受贿不满。二是对办事扯皮,门难进、脸难看、气难受、事难办,雁过拔毛不满。三是对乱摊派、乱罚款不满,虽然国家税费取消了，但是乱收费现象依然存在，且不为群众办实事。因此，做村干部要廉洁自律，要加强法制建设，实行政务公开，依法收费。使用干部看政绩，看发展，看品德，不能以人划线，搞裙带关系。否则，干部不走正路，跟人不跟线，关心上级而不关心群众。要大力加强宗旨教育，提倡为群众办实事。只有这样，农民才能从干部身上、从办事的项目上看到党和政府的形象。只有从增强党和政府的凝聚力入手，信仰、信任危机才能解除，农村精神文明建设才能达到事半功倍的效果。

（二）致力于安民、富民的各项改革

农村如何实现党的十六大的宏伟目标，加快农村精神文明建设步伐，这是摆在农村各级领导干部面前的一个迫切要求解决的问题。我国农村人口众多，地域辽阔，经济落后，农民、农业、农村的状况，始终决定着整个国家的经济、文明的水准。党中央一贯重视"三农"问题，这对加快农村政治、经济、文化发展具有十分重要的意义。思考三农问题，要从战略的高度研究、规划、实施物质文明和精神文明建设，从根本上真正解决"两手都要硬"的问题，使物质文明建设和精神文明建设有一个长足的发展。

实现农村经济的跨跃式发展，首先必须实现农民观念的跨跃。当前我国正处于从传统经济向现代化经济的转型时期，新旧体制、新旧观念、新旧思想、行为方式的碰撞，斗争十分激烈。加快农村经济发展，不能就经济论经济。如果没有旧观念的摒弃，新的市场经济观念的确立，再好的经济发展思路也难以实施。当前，农村最重要的任务是：采取多样化的教育方式，让农民与传统封闭的观念决裂，树立社会主义市场经济的观念。实现了观念的更新和跨越，其聪明才智才能发挥出来。

市场经济是开放的经济。国内外先进技术管理经验引进的同时，腐败的东西也随之涌入。因此，提高农民抵制"精神污染"的免

疫力至关重要。随着改革开放的进一步深入,市场经济打破了国界、省界、区界,厂矿用工使公民打破了城乡、工人和农民的界限,城郊以其得天独厚的条件,首先卷入市场经济的大潮中。在这种大融合的过程中,农民纯净善良的品德很容易受到"金钱至上"和"黄、赌、毒"等不健康的思想和不良行为的侵蚀,从而影响社会主义道德规范的确立和农村经济的发展。有些地方甚至出现了经济越发达,道德文明素质越下降的反差现象。

(三)精神文明建设的考核要由过去的软化、虚化变为硬化、量化

提高整个农村的精神文明,首先应当建立两道投入机制,以强化领导责任。例如,首先从领导责任进行考察,与物质文明建设同奖惩,财政投入比例要由人大立法规定保证预算、拨款、使用三到位;其次是抓文化、科技、信息阵地建设,提高、发展科技文化素质,文化阵地建设不宜单纯采用夜校、识字扫盲的办法。要设立阅览室、图书室,增强可读性、趣味性、知识性,潜移默化,不断提高。科普活动,要结合本地的骨干重点产业进行,把学习科技知识与致富奔小康相结合。调动农民学科学、用科学的积极性,大力普及电视,利用电视信息量大、知识量足、新闻性、趣味性强等特点,向农民传递政策、法律、致富信息,并不断总结农村精神文明建设的经验,推广典型,扩大示范效应。使农村精神文明建设有一个长足的发展。

推进农村精神文明建设,要着重抓好以下工作:

一是抓重点。抓重点就是围绕群众生活生产实际,重点解决群众关心的、社会存在的重点、难点问题。当前,大多数农村自来水、柏油路、有线电视、电话等群众生产生活基础设施基本达到村村通。这为抓好农村精神文明建设提供了良好的物质条件。但是我们也应该看到,在文化阵地建设上,群众文化活动场所少、图书

第四章 贯彻以人为本,加强城郊精神文明建设

室、标准篮球场、乒乓球室等群众欢迎的场所很少;在普及科学文化、移风易俗方面,文化素质低,封建迷信活动抬头等现象在一定程度上存在;在思想道德建设上,受多种因素影响,一些道德领域失范,少部分群众信仰出现危机,人生观、价值观出现偏颇;在经济发展上,少部分群众市场经济意识不浓,存在等、靠、要等思想。针对这些现象、问题加以解决、落实,是当前农村精神文明建设的重点工作。

二是抓常规。在精神文明建设工作中要侧重抓"文明城市"、"文明村镇"、"文明行业"三大创建活动。在具体落实上,要重点开展"十星级文明户"创建、"双文明共建"、"三项整治"、"小城镇建设"、"百里文明景观带"等活动,这些都是农村精神文明建设需要抓好的日常工作。

三是抓创新。放眼外界,很多先进地区精神文明建设理念新、抓得多,精神文明建设出现崭新气象,结出丰硕成果。那里的农民尝到了甜头,得到了实惠,已经成为全国精神文明建设的先进典型,大大推进了农村精神文明建设。各地都要走出去、善于学习先进,勇于改革创新,结合本地实际,拓宽创建内容,结合产业化经营创建生态文明村,通过扎实的工作不断推进本地精神文明建设进程。

例如,海南省文明生态村建设确实为农民带来了实惠,他们经过几年的摸索,创建文明生态村建设已成为该省精神文明建设的一大品牌。截至目前,全省已建成文明生态村4 800个,占全省村庄的20.6%,还有600多个正在创建中。随着创建活动的深入开展,全省农村正在发生历史性的变化:走进文明生态村,你就会看到村庄绿树环抱,花果飘香,环境整洁优美,彻底改变了以前脏、乱、差的面貌。光有优美的生态环境还不够,文明生态村的农民要做足生态经济文章,走可持续发展的道路。他们建沼气池,利用房前屋后空地种椰子、槟榔、胡椒、荔枝、龙眼、芒果等热带经济作物,

形成了各具特色的文明生态村创建模式,如"文明生态村+科技村"模式,"山区特色经济村+专业村"模式等,引得中外游客竞相前来参观。据不完全统计,来自美国、日本、泰国、新加坡等国家,以及国内北京、黑龙江、河北、广东、广西等省、直辖市、自治区的900多个参观旅游团队6万多名游客参观了这里的文明生态村。

文明生态村的创建活动,其实质和目标就是建设更加全面、更高水平和更加均衡的小康社会。文明生态村是一种生态主导型的绿色小康,以物质文明、政治文明和精神文明的协调发展、共同进步为原则。在实现农村人民的根本利益、全面推进小康社会建设方面,迈出了十分重要的一步。

(四)移风易俗,常抓不懈

在推进农村精神文明建设中,还要把移风易俗工作作为精神文明建设的重要内容,坚持常抓不懈,放在心上,抓在手上,落实在行动上,使千百年来形成的婚丧陋习得到了遏制。

一要统一认识,加强领导,把移风易俗工作作为精神文明建设的重要内容来抓。随着农村经济的快速发展,农民群众的生产、生活条件有了很大的改善。但是由于受传统婚丧习俗的影响,部分农民以为条件好了,婚事丧事要办得体面些,婚丧嫁娶中讲排场、比阔气,铺张浪费以及搞封建迷信的不良风气日趋严重。据初步调查,一个丧事至少要花费三四千元。一个喜事要花费上万元。婚丧大操大办耗费精力、物力、财力,广大干部群众对婚丧大操大办爱面子、入股子、摊份子很不情愿,给广大人民群众造成沉重的精神压力和经济负担,如果得不到及时解决,任其发展和蔓延,与社会主义精神文明建设的要求极不相符,与公民道德建设纲要的要求严重相悖。革除旧的陋习,提倡文明、节俭,健康向上的习俗,势在必行。因此,以代表最广大人民群众的根本利益和新文化的发展方向为出发点,统一思想、坚定信心,把抓好婚丧改革、移风易

第四章 贯彻以人为本,加强城郊精神文明建设

俗工作列入精神文明建设的重要内容,作为减轻农民负担、为群众办实事好事、密切党群关系、保持社会稳定、促进经济发展的一件大事,列入重要议事日程,抓住不放。加强领导,健全组织机构,按照政治素质高、群众威信高、热心为群众服务的标准,组成一支精干的移风易俗工作队伍,为深入开展移风易俗工作,提供有力的组织保障。

二要强化措施,突出重点,大力开展移风易俗活动。加强宣传教育,夯实思想基础。充分利用广播、宣传车、黑板报、宣传栏、张贴标语等形式进行广泛宣传。宣传对移风易俗工作的重要意义、目的要求,真正做到家喻户晓,人人明白。大力宣传和推广移风易俗工作中的好典型、好经验、好做法,及时曝光婚丧活动中的不良行为和反面典型,从而营造一个全党动员、全民参与的良好氛围。同时,要建立健全制度,强化约束机制。为移风易俗工作真正抓出实效,每年初制定严格奖惩标准,把移风易俗工作纳入村规民约的重要内容,作为年度考核和评比"文明村"、"文明户"的重要条件以及选拔任用村干部的重要依据。坚持年年评比,从而激发了农村干部群众积极指导、参加移风易俗工作的积极性。另外还加大资金投入,切实搞好服务。移风易俗工作直接面向广大干部群众,尽管财政困难,但仍坚持对移风易俗工作给予支持。为了解决移风易俗工作中遇到的实际困难,各级领导干部组织人员进行跟踪服务,为移风易俗工作创造良好的外部环境。办理婚事,坚决反对和禁止大操大办、讲排场、比阔气,禁止大摆宴席、滥发请柬,借机敛财,索要彩礼等恶劣风气,大力提倡和推行向新婚夫妇送科技书刊、影碟或光盘,扶持新婚夫妇上科技致富项目。从而把婚事新办坚持下去,并抓出实效。

三要丧事从简,婚事新办,大力提倡精神文明新风。在移风易俗工作中,由村民委员会、红白理事会本着节约文明的原则操办,力争做到六个禁止,六个提倡:一是禁止土葬,一律实行火化,提

· 81 ·

倡骨灰深埋或由骨灰堂管理;二是禁止和反对雇用吹鼓手,提倡村统一利用音响设备播放哀乐;三是禁止和反对披麻戴孝,提倡挂黑袖章、戴白花;四是禁止和反对扎纸人、纸马、纸屋等封建迷信品,提倡文明节俭新风;五是禁止和反对烧香、磕头、三跪九拜活动,提倡向死者鞠躬、默哀等形式;六是禁止和反对大操大办,提倡对亲友一人一碗菜招待。

为把移风易俗工作切实落到实处,要在建章立制的基础上,积极对举办婚、丧事的村民进行教育引导,树立新事新办的典型,把一些好的经验和做法在全村推广。首先,共产党员和村干部要充分发挥带头作用做移风易俗的促进派,自觉推动移风易俗工作。主动教育家庭成员、亲戚朋友,自觉抵制旧的婚丧习俗,树立社会新风尚。真正做到"五带头":一是带头不大摆酒席,不滥送请帖;二是带头抵制攀比、摆阔气;三是带头执行计划生育政策,实行晚婚晚育;四是带头推行殡葬、婚事改革;五是带头举行文明健康的婚礼仪式。其次,要积极引导青年村民做移风易俗的主力军,让他们养成勤俭节约的好习惯,引领时代新潮流。只要农村各级党员、干部模范带头,以身作则,真心实意带领村民发家致富奔小康,全身心地投入到农村精神文明建设中去,就一定能够抓出成绩,抓出实效来。

现代化的新农业、新农村、新农民需要与外界保持密切联系,要有"千里眼"、"顺风耳",因此首先要提高有线电视、有线广播的覆盖率。与此同时,各类学校结合实际积极转变办学思路,努力确立为"三农"服务、为地方经济服务的办学理念。作为新农村建设的带头人,要发挥主动性,积极走出去,为农民的需求找门路。可以请专家有针对性地加强对农民再就业的教育和培训,以加快提高劳动者技能,更新其观念。

城市化进程加速和农村改革,带来城郊地区经济结构关系的调整。农村利益主体分散,经济成分、组织形式、经济利益、就业方式出现多样化,导致农民的思想观念、道德标准、价值取向、文化认同的多元化,消费模式、生活方式呈现多层化。对外开放的深入和互联网的普及使世界"越来越小",千变万化的外部世界通过电视媒体、网络等方式不断影响农民尤其是青年人,他们思想越来越活跃,传统的思想政治教育方式难以适应新时代的要求。

正是由于以上特点,使农村精神文明建设的参与主体、创建环境发生了深刻变化,给农村精神文明建设的组织形式带来了新的挑战。农村精神文明建设单一依靠党组织上下灌输的行政指令,已经难以适应当今各种新的经济组织、多种管理方式并存的多层面的社会现状。农村各级党政组织在开展精神文明建设中正面临着三大转变:即工作方法从行政推动到组织引导、规划协调转变;工作方式由单一的教育农民向服务农民、培养农民转变;工作重心由传统的思想工作向提高农民素质、增加农民收入转变。因此,在加快农民致富奔小康的同时,更要加强精神文明建设,更新传统观念。同时,创新活动载体,发挥农民本身的积极性、主动性、创造性,吸引农民参与创建既有高度物质文明、又有高度精神文明的社会主义新农村显得越来越重要。

坚持两手抓,两手都要硬,深化对精神文明建设的认识。要围绕文明城市目标,在全村上下深入开展思想教育活动,形成统一认识:即要在坚持以经济建设为中心的前提下,把精神文明建设摆在更加突出的位置不动摇,摆正经济建设与精神文明建设的关系,促进两个文明建设协调发展。要突出提高人的素质和加强环境建设重点,选好各种载体,以创建文明安全小区、文明社区、"共创满意窗口,同享社会温馨"、"奔小康,建新村"和"评十星,创十户"活动为载体,不断赋予精神文明建设新内涵,推动全村精神文明建设创新发展。

抓典型,作示范,推动精神文明建设向纵深发展。要在加强现有典型培育和推广的基础上,注重挖掘和培育一批新典型,形成抓典型、促工作的浓厚氛围。同时要通过组织报告会、座谈会、借助报刊、电视等新闻媒体,加大先进典型的宣传力度,充分发挥典型在弘扬社会正气,引导树立正确的人生观、价值观等方面的重要作用,扩大典型的辐射、带动作用,以点带面,推动精神文明建设深入开展。

抓重点,创特色,推动创建工作上新台阶。一要坚持以城带乡,不断深化农村精神文明建设。把农村精神文明建设工作与奔小康有机地结合起来,做到有规划、有人抓、有考核、有奖惩,确保精神文明建设各项工作落到实处。要加强分类指导,促平衡发展,深入开展农村"评十星,创十户"活动,培植和创建一批不同类型的文明示范乡镇、村,指导和带动全区农村文明创建工作深入开展。同时,要认真组织"三下乡"服务活动,积极推进科技、文化、卫生进村入户,引导农民建立科学、健康、文明的生活方式。二要深入开展思想道德教育活动,努力提高文明素质。针对当前部分村民文明素质较低的状况,加大力度多层面、多形式开展市民道德教育。三要大力推进文明农村社区建设,夯实文明创建基础。以提高村民生活质量为宗旨,以建设环境优美、秩序稳定、生活方便、人际关系和谐的文明社区为目标,全方位地开展社区服务、社区文化、社区治安、社区卫生等项目,方便人们生活,满足群众需要。要加强社区服务网、站建设,抓好创办社区"六小"即小百货、小维修、小饮食、小医务所、小邮电所、小托儿所等各种便民利民服务活动,满足不同层次的服务要求,不断强化社区自我教育、自我管理、自我服务功能。

第五章　学会领导艺术,提高城郊村干部素质

村干部活动的实质在于影响力的展示,这是一个科学化过程,又是一个艺术化的过程。领导艺术体现在领导活动的方方面面并随时随地发挥着作用,它是影响领导效能的关键因素。领导工作大舞台上要导演出有声有色、威武雄壮的活剧来,没有高超的领导艺术参与其中是不可想象的。

一、什么是领导艺术

领导艺术是领导者在领导活动中,为了有效地提高领导效能、实现组织目标而对客观规律、领导科学原理及方法的灵活、机动、创造性的成功运用,是领导者的智慧、学识、才能、胆略、经验在领导实践中的综合表现,是升华和创新性、个性化的领导技能、手段和方法,是领导者水平高低、才能大小的重要标志。领导艺术贯穿于整个领导过程和领导活动的各个方面。领导过程就是制定决策、实施决策和实现目标的过程。制定决策的过程,首先是一个遵循客观规律的科学化过程,同时也是领导艺术、作风发挥的过程。领导艺术是升华了的领导技能、手段和方法,是特殊的创造性的领导方法,总是带有领导者鲜明的个性特征印记。领导艺术的主体是领导者,是领导者高层次的领导技能、手段和方法。高超的领导艺术源于领导者丰富的领导实践,是领导者实践经验积累、提炼的结果,是领导科学基本原理、知识灵活运用的结果,是领导者智慧、学识、才能、胆略在领导实践中的展示和创造性的发挥。领导艺术不是一般的技巧和方法,而是一种领导境界,是领导者人格魅力的展示。

城郊村干部如何当好新农村建设带头人

领导艺术的核心在于动员、协调和鼓励下属发挥最大的潜能和积极性,去达到预定的目标,实现最佳的领导效果。领导艺术的灵魂,是对具体问题具体分析、具体对待的能力,一切随时间、地点、条件为转移。领导艺术的生命在于对领导活动本质的理解。"什么叫领导,领导就是服务。"这一论断揭示了领导的本质。领导艺术是一种人格魅力的展示,不是耍手腕、搞阴谋诡计。领导艺术不是"权术",高超的领导艺术源自于领导者的政治品格、奉献精神和过人的胆识;源自于领导者对事业、对部属的真诚和真情关爱,对各种矛盾冲突的积极、恰当协调。一个具有高超领导艺术的领导者,必然是一个有理想、有激情,富于创造性,善于最大限度地把主观能动性和客观实际巧妙结合的人。

领导艺术有着经验性、创造性、主体性的重要特征:

1. 经验性 经验意味着实践性,所谓经验就是实践经验。领导科学是一门时间性很强的科学。凡是娴熟地掌握领导艺术的领导者,一般都是具有丰富领导实践经验的人。没有或很少有领导活动的实践经验,再聪明的人也难具有高超的领导艺术。从某种意义上来说,领导艺术是一种经验的积累。领导艺术是通过领导者的活动来显现其功能与作用。这种显现是直观的、实践的、动态的、多样的东西,从认识论的角度来说,都是直接现实性的知识,是感性的、经验性的认识。所以,我们说,领导艺术有着明显的经验性的特征。

2. 创造性 领导艺术的经验性特征表明,领导艺术不管怎样高超,仍没能脱离经验的范围。但是这不能说领导艺术就等同于领导经验。事实上,领导艺术是领导经验的积累、升华的结果。把领导经验提升为领导艺术,是领导者依据了其所掌握的领导学基本原理知识,充分调动自身的"智慧"、"学识"、"才能"、"胆略",进行积极创造的结果。领导者总是面临着大量表象性的新信息,如果不认真去伪存真,去粗取精,透过现象看本质,创造出新的领导

第五章 学会领导艺术,提高城郊村干部素质

方法,如果单靠以往经验办事,就难以驾驭复杂的新局面,也就根本谈不上什么领导艺术。因此,领导艺术不仅依赖于领导经验的积累,而且是对客观规律、领导学原理和方法创造性的运用和发挥,是对以往经验的理性的、个性化的创造。

3. 主体性 领导艺术的创造性表明,领导者的个体素质在领导艺术的形成与发挥中有着十分重要的作用。不同领导者在同一环境条件下,在处理同类事件中,效果大相径庭的重要原因,就是领导者个体素质的差异,以及由此导致的领导艺术水平的高低之别。领导艺术是领导者的精力、气质、学识、能力、个性等因素在领导实践活动中相互作用的结晶。领导艺术是以领导者为主体的,在一定意义上说,领导艺术就是领导者的艺术,领导艺术具有主体性。

村干部是一个地方的领导者,它关系到一方村民生产、生活好坏的大问题。事业心强、一心为民造福,领导艺术高超的村干部,能带领广大村民民主管理、发家致富奔小康,造福一方百姓;反之,百姓就要遭殃,无法摆脱贫困落后。例如,在中央一台播出的电视剧《希望的田野》中,凤凰岭在李长顺当村长时,村里不但没有公共积累,连仅有的村办企业——砖厂,不仅在大量的吞掉村里大片的耕地,不上交承包费用,还把村委会用房也巧立名目占为己有,使村委会不但债台高筑,连立足之地都没有,开会还要到村外大地里去。村民在实践中逐渐认识到李长顺再继续当村长,凤凰岭会永无出头之日,幸福生活永远是可望而不可及的。因此,村委会改选时罢免了李长顺,而一致推选年轻有为,勇于开拓的田野当村长。村里出现了一片生机,清理陈年欠账,要回被占用的村委会用房。田野还拿出自己的钱,无代价的为村里办起了新的玉米加工企业,使村民看到了希望,发出了一片叫好声。

由此可见,选举村干部必须要选有能力、有水平、有干劲,还能真正为百姓办实事办好事、大公无私、不偏亲向友的人。选对了人

固然重要,村干部还要善于学习,不但要向书本学习,还要虚心学习他人的先进经验,努力提高自己的领导艺术。提高村干部领导艺术的目的,在于掌握领导工作的主动权,最大限度地调动村民的积极性、创造性,来保证各项工作任务保质保量地完成。掌握工作主动权是村干部做好领导工作的重要前提。村干部不但要出色完成上级交给的各项工作任务,还要立足本村当前实际,规划长远奋斗目标、带领村民发家致富奔小康。要带领村民敢于打大仗,善于打硬仗,一步一个脚印地改变本村的面貌。有了切实可行的奋斗目标,如果领导工作主动权丧失,就会导致工作的失败。因此,村干部只有掌握领导工作的主动权,才能在复杂的环境下和艰巨的任务面前,收放自如,游刃有余,占据主动。所以说,领导艺术的运用在于提高领导能力,而领导能力的提高必然表现为领导者掌握领导工作的主动权。只有掌握工作的主动权,才能充分发挥领导职能,才能出色地完成任务。

美国学者威廉·科恩说"领导能力就是影响别人的艺术,它使人们尽最大努力去完成各项任务、目标或者计划。"如果说领导活动的科学化过程是保证领导者成功决策的前提的话,那么领导活动的艺术化过程则是保证领导者能够动员和鼓励下属去实现决策的前提。领导艺术主要体现在实施过程中,在用人、用权和领导方法的运用中。要出色完成某项任务,特别是艰巨任务,没有广大民众的积极参与是不行的。因此,村干部必须千方百计尽最大努力去调动广大村民的积极性,让村民中的骨干去参与决策,参与谋划,把被动去做变为以主人翁的态度去积极参与。过去,我们在解放战争、抗日战争中,毛泽东就是成功调动广大民众积极参与的光辉典范。有了广大民众的积极参与,才使武装到牙齿的日本帝国主义、国民党反动派陷入人民战争的汪洋大海之中,这充分说明,最大限度地调动广大民众的积极性是可以战胜一切艰难困苦的。我国"神州五号"、"神州六号"载人航天的顺利升空,经多天飞行又

第五章 学会领导艺术,提高城郊村干部素质

成功降落,安全返回地面,也说明人的积极性最大限度地调动起来,就没有克服不了的困难。这就是领导艺术的魅力、领导艺术的结晶。

作为领导干部,特别是农村干部要想追求事业新的成功,必须掌握、讲究领导艺术,学会人与人之间,村干部之间的沟通,而这种沟通必须是真诚的心与心的沟通。这种沟通是人际关系协调的基础,是领导艺术的基础,是领导艺术的精髓,也是开启事业成功之门的金钥匙。领导者掌握了沟通的艺术,也就掌握了事业成功的法宝。一般意义上的沟通是指人际之间联络交流,是群体相互理解的桥梁、团结的枢纽和统一步调的有效机制,是领导者之间、领导者与下属之间相互联络、互通信息和加强联系,以便达到行动上的配合和一致。

沟通又分为正式沟通与非正式沟通两种。正式沟通是指通过组织明文规定的渠道进行的信息的传递和交流,即通过村党支部或村委会召开各种会议,把组织上形成的决策、村里的奋斗目标、规章制度、工作程序、目前任务等向下传达,使村民了解领导意图,也明确村民应该怎样做。通过正式沟通也减少消息的误传和曲解,消除村干部之间、村干部与村民之间的隔阂,增进团结,使上下能达到统一思想,进而达到行动的一致。非正式沟通是指在正式沟通渠道以外进行的信息传递和交流。这种沟通是建立在村干部成员个人的社会关系上,因此其表现方式和个人一样具有多边性和动态性,这种沟通是随时随地进行的,其内容是不确定的,沟通的方式也是多种多样的。当然,这种沟通容易产生负效应,这就需要领导正确的引导,使其起到正式沟通的作用。

在沟通的内容上,大致可分为目标上沟通、思想上沟通、感情上沟通和信息上的沟通。目标沟通,要使沟通对象认识到个人对整体目标作贡献的重要性,以及相互配合、相互协调的必要性。进而增强个人对整体目标的关切感,从而达到共识,取得行动的一

致。思想沟通,作为领导者个人在思想观念、思想方法、思维方式上也是互有差异的,由此而形成观点上的争鸣和分歧,可通过平等的交流、启发,缩小认识上的差距,以达到统一。对于因工作关系所引起的思想误会、隔阂,领导者之间应严于律己、宽以待人,必要时多做自我批评,求得相互理解和谅解。感情沟通,是感情上的联络和沟通,对领导者来说是很重要的,因为很难设想,没有任何感情交流的领导者之间,工作上可以协调融洽。因此,要增加感情上的沟通,尤其是主要领导更要严格要求自己,以真诚之心团结好领导班子的每一个成员,以激励他们工作的积极性。信息沟通,就是传达交流情报信息的过程。领导者之间的矛盾和隔阂,都可以从信息沟通上找到原因。一般而言,凡是缺乏沟通的地方,信息传递必然不畅,极易造成村干部之间的矛盾冲突,既影响工作又影响团结;凡是主动沟通的地方,领导班子成员之间关系融洽,工作也能协调一致。当然沟通一定要出以诚心、坦诚相见。作为领导者首先要虚心请教,勇于否定自己,放下架子,达到请教、交流、说明、求助的目的。沟通要防止走过场,做表面文章。要端正态度,多方听取意见,本着"有则改之,无则加勉"的原则,对听到的意见要认真分析研究,得出结论,做出决策,来指导今后的工作。

村干部除了学会沟通外,还要学会用权的艺术,用权艺术不外乎正确集权、科学分权。正确集权就是权力的集中,即村里的重大事情要由村党支部、村委会集体讨论研究决定,避免独断专行,防止由主要领导一个人说了算。科学分权,就是村里重大事情经领导集体讨论研究决定后,再由分管领导组织实施。要做到谁主管谁负责,分工不分家,绝不允许遇到困难、碰到钉子就绕着走,或上推下卸,不了了之。同时,村干部还要学会运用激励艺术和批评艺术。激励艺术就是村支书和村长要善于发现村委会委员和村民中的先进事迹,例如科学种田、发家致富中的一些好做法、成熟经验等给予表扬,并及时推广,使他们的经验做法在全村不断发扬光

第五章 学会领导艺术,提高城郊村干部素质

大。批评艺术就是当委员或村民中有做错事情或犯错误时,作为领导应当及时指出、适当批评,使其悬崖勒马,不致出现更大的偏差而影响村里的全面工作。领导在批评时,要注意方式方法,尽量做到"忠言顺耳",摆事实、讲道理,以理服人,并指出其发展下去的危害性。批评时要因人而异,对事不对人,决不能搞人身攻击、情绪发泄,这样,才能使被批评的人心悦诚服、乐于改正。

村干部要想做好本职工作,真心实意带领村民发家致富奔小康,就必须努力学习,掌握和运用领导艺术。勤于学习、善于思考是提高领导艺术的基本途径。古今中外具有高超领导艺术的人都是勤于学习、有独特见解的人。我国领导人毛泽东、周恩来等都是不断学习、知识渊博而且领导艺术高超、具有独立思考能力的领袖人物。在科学技术日新月异的今天,人们的思维异常活跃,如果不善于思考、不学无术,就根本无法开展领导工作,更不会成为农村科技带头人。这里说的学习,首先是向书本学习,其次是向实践、向他人学习。现在全国各地涌现出许多带领乡亲们搞科技致富、创建文明村的好"村官",这些人在农村干部中是学习运用领导艺术的光辉典范,各地村干部要向他们学习,把他们的好经验、好做法学到手,为本地村民造福,为本地文明村建设贡献力量。

二、农村领导工作的特点

党的十六大提出了全面建设小康社会的宏伟目标。我国是农业大国,农业人口占全国人口的大多数,没有农村的小康,就没有全社会的小康。"三农"者,工作的重中之重也。从中共中央连续两年发出的一号文件可以看出,均是针对农村、农业、农民的,足以说明"三农"问题的重要性。农村、农业、农民,这三者是一个问题的三个方面,其核心是农民问题。从社会发展的角度看农民问题,必然扩展到农业发展与改革的问题,农业建设与管理问题,问题的

核心则是农民,这始终是我国建设和发展过程中的最大问题。之所以这样说,是因为,一是我国的农民太多,9亿之众,举世无双;二是我国农耕时代太长,农业社会形成的观念根深蒂固。农民多,自然解决问题的难度就更大;农耕时代长,落后的经济基础所决定的农耕意识就需要相当长的时间逐渐改变。思路决定出路,观念不变就没有创新,就永远在老路上徘徊。不冲破旧观念的藩篱,农民的聪明才智就难以解放出来,其自我发展的能力就会受到压抑和限制。所以说"三农"问题不能尽快妥善解决,其后果是可怕的,它将严重制约我国现代化建设的进程。

(一)我国的农民问题

中华民族是一个具有几千年古老文明历史的民族。农民长期生活在以种植业为主的传统农业社会中,一向安于乡里,不肯轻易离开旧居的故土,追本溯源是由于土地是农民生产、生活的基本前提,是安身立命之本,是命根子。新中国建立后实行的土改政策,使农民分到了土地,实现了"耕者有其田"的梦想。从互助组、初级社转变到高级社和人民公社,农业生产由一家一户自立自主型转变成土地连成片,集体所有,队为基础,进入计划经济。农民不用动脑谋划土地如何使用,只需出工出力完成任务。改革开放后推行家庭联产承包责任制,亿万农民又重新获得了土地使用权、经营权和产品支配权。农民既是劳动者又是独立的商品生产者和经营者。由于目前的社会分工还很不发达,农村社会化服务也难以满足农民家庭的需要,农民家庭在生产和生活上经常会遇到困难。在集体组织功能弱化、不能满足农民的需求时,农民必然转向依赖家族团体,农民对家族的期望值也随之增大。这其中的一个关键性因素就在于,人们普遍认为,同一家族成员血缘相同,地缘一致,既有心理上亲近感和相互信任感,又有联系和合作上的方便性。相互依赖性大大增强,这就使得农村的家族势力又有复活的趋势,

第五章 学会领导艺术,提高城郊村干部素质

主要表现在三个方面:

其一,家族观念死灰复燃。不少农民认为,同一家族的成员,有着天然的血缘上的联系,从根上说是一体的,因此,不论在日常生活还是在经济活动中,人们普遍倾向于与家族内部成员发生交往,尤其是在寻求劳务合作或者经济上的支持和帮助时,多数农民都把家族成员作为首选对象。在政治生活中也有较为明显的表现。我国历史上就有"一人得道,鸡犬升天"的说法。新中国成立后,虽然农村社会结构和政权结构的变化曾一度使人们的家族观念几近消失,但近几年又有所复活,一人做了村支书或村主任,其他家族成员也随之占据要职,把持村中大权。村中的好事,任其挑选,其他百姓敢怒不敢言。家族成员有违法乱纪的,当权者也极力庇护,大事化小、小事化了,更为严重的是干预司法机关公正执法,甚至有以暴力抗法的。

其二,家族组织开始复苏。农村改革开放前,由于实行高度集权,农村中的家族组织被迫解散,但实际上并没有消除人们头脑中的家族意识。改革开放后,随着家庭联产承包责任制而形成的家族间的相互依赖,使它们之间的来往频繁、关系密切,这就导致了农村家族组织的重建。尤其是在我国南方经济条件较好的农村,已经开始在修族谱、建祠堂,这是家族组织重建的重要标志。这一活动在全国农村虽然较为普遍,但家族活动只是浅层次的,与过去有族长、有严密组织的、铁桶式统治的真正意义上的家族组织是有本质区别的。目前的家族活动没有明确的族长,而是自然形成或大家一致推选的主持人,这些人有的是由辈分高的担任,有的是威望高、能力强、处事公道的年轻人。也有的是由村干部或"大款"来担任的,这就是农村家族组织重建的时代特征。

其三,家族活动逐渐频繁。现在有的农村基层组织功能弱化,集体活动缺少,代之而起的则是家族活动的增多。家族间的红白喜事、建新房,本家族的人都会汇聚在一起,只要家族内一人有难,

大家都会相帮,尤其是在春节期间,唱族戏、打族鼓、扭秧歌等家族文化活动形式较为普遍。这些活动一般都有主持人,或家族事务"热心人"发起或组织,费用则由家族成员均摊,意在强化族人的家族观念,增强家族的向心力和凝聚力,以此向外炫耀他们的家族势力。因此在农村也会出现家族间在活动形式和规模上互相攀比竞争,从而使家族活动的形式和内容不断翻新,规模越来越大,频率也越来越高。

农村家族活动的兴起,有利也有弊。近几年,在农村由于推行联产承包责任制,农村每个农民家庭,都成为独立经营主体,但由于每户地少,生产力低下,缺少机械和畜力,很难独立经营。因此,利用血缘关系和姻亲关系实现协作生产,变成了农民合乎理性的选择。另外在日常生活中的婚丧嫁娶、修建房屋等事宜,单个家庭是无法完成的,非常需要亲戚和家族成员的帮忙。同时,在日常的生产、生活中,村民间,家庭之间发生矛盾和纠纷是难免的,有些纠纷又是法律与政府部门无能为力的,这就需要家族中有威望的人帮助调解,往往能收到较好的效果。农村家族也有利于维护农村社会道德。有的农村家族在族规中都要求族人遵守国家法令,互相帮助、尊老爱幼、扶贫济困等,这些与国家的管理目标是一致的。在设有明确族规的家族中,也有约定俗成的道德标准。家族的教育能做到及时、有针对性,利于收到好的效果。在当前商品交易大潮中,农村家族有助于农户降低交易成本,如,引进种田新科技,引进新品种联合办企业,产品的推销,这些都需要别人的帮助。由于当前信任危机,怕上当受骗,认为只有在家族中的互惠互利,搞商品交易,才有安全感,才能真正获得经济效益。因此,在家族中的一些正式组织或非正式的互助组织、经济组织应运而生,农民也从中受益,也就降低了交易成本。

农村家族的负面影响也不容忽视。如果引导不得法,将会影响社会的安定团结。在我国部分农村中,家族间的争斗也时而发

第五章 学会领导艺术,提高城郊村干部素质

生。参与者少则几十人,多则几百人、几千人,这种争斗由"舌战",逐渐转向武斗,流血事件也时有发生。这就破坏了农村的安定团结,也极大地危害着广大群众的生命财产安全。农村家族的发展,有的地方已形成一股地方势力,进而向农村基层政权组织渗透,安排他们的代理人。为达到此目的,有些家族在村级组织换届改选时,利用本族人多的优势,控制了大多数选票,使本族成员当选,从而控制村级政权组织。还有的地方有的家族与村级组织平起平坐,分庭抗礼,成为管理村务的"编外领导班子",干预村级事务。更有甚者,借机闹事,甚至组织煽动外族群众参加谩骂、殴打乡村干部,冲击、围攻村委会,使基层组织不能正常办公。还有的家族在惩治族人犯规时,以族规代替国家法律,以族长代替法官私设公堂,非法拘禁,造成严重后果。如果任其存在与发展,对我国农村的法制化管理是极为不利的。另外,农村家族的复活,助长了农村封建迷信思想的泛滥。抵制了农村殡葬改革和计划生育政策的落实,这就造成有些人因婚丧大操大办,而负债累累,由于生育无序,而造成多子女,致使家庭生活困难。

　　由此可见,农村家族活动的兴起,给农村干部的工作带来一定的困难。尽管有其正面的作用,但农村家族活动的正面功能可由其他社会组织来承担。目前的情况说明,农村社会组织在功能上还存在一定的缺陷,给家族组织留下了发生作用的"空间"。而农村家族组织的负面影响是难以预防和避免的,甚至可以说带有某种必然性,其负面影响在范围和强度上都远远超过了其正面影响。因此,我们应对其有一个清醒的认识,不能只看到其正面作用,更应该看到家族组织的存在对农村社会生活的破坏力,看到他对农村现代化的障碍作用。我们应高度重视其负面影响的严重后果,逐步创造条件,促使其走向消亡。只有这样,才能使农村的发展摆脱传统家族文化的束缚和家族组织的控制,逐步走向科学化、组织化、规范化、法制化的轨道,最终实现农村现代化。

(二)农村干部工作的特点

农村党支部和村委会是带领农民致富奔小康的火车头,"火车跑得快,全靠车头带",作为村中的领路人,必须戴上"望远镜",头脑清醒,认清国情,立足村情,着眼长远。既要看到未来的光明前途,对工作充满信心,又要正视目前的困难,战而胜之。作为村干部,要认识到在当前国民经济快速发展进程中,一些长期困扰农业、农村、农民的"三农"问题是:

1. 缺乏专业化分工导致的生产低效率 对于绝大多数农村地区,在实行联产承包制后,二十多年来,实际上没有进行更深入的制度变革,传统农业并没有得到根本的改造,分家分户经营,自给性生产为主、出售剩余产品为辅的格局没有从根本上改变。由于生产方式落后,科技含量低,土地产出效率不高,导致农业生产率十分低下。因此在商品经济大潮中日益缺乏竞争力。

2. 缺乏有效的生产要素投入,导致农业发展后劲不足 诺贝尔奖获得者舒尔茨曾指出,改造传统农业必须从外部注入新的生产要素:资本、技术、人才以及新制度要素。然而在现行体制下,这个过程是反向进行的:加快工业化和城市化的结果是导致农村廉价的生产要素和资源流向城市和工业,形成支持工业化的"低成本"优势。出现三个净流出,即土地价值净流出、农村资金净流出和优秀劳动力净流出,使农业发展的支撑条件日益弱化。特别是农业优势劳动力外流,使农业从业人员素质普遍下降,出现了青壮年劳动力不下田,务农主要是老、弱、妇、幼。这就根本谈不上什么引进优良品种,培育新品种,科学种、科学管。

3. 农产品结构与市场结构不相适应 这就导致农产品出卖难,更难以卖出好价钱,严重地影响了农民的收入。千家万户的小生产与千变万化的大市场缺乏有效的对接,这就难以避免出现结构调整的盲目性。由于产品结构不合理,质量水平不高,不适应市

第五章　学会领导艺术，提高城郊村干部素质

场对农产品需求的多样化、优质化和精细化的需求，致使农业发展长期缺乏有效的市场拉动力。

4. 大部分农村经济落后、文化落后、乡村面貌落后　由于庞大的乡村管理构架与薄弱的乡村经济不相适应，导致乡村负债问题十分突出。由于长期缺乏文化、教育、社区建设等方面的足够投入，使农民素质差、生活单调，缺乏必要的文化消费等现象十分突出。乡村规划落后，或基本上没有规划，也无法执行规划的问题十分普遍，导致乡村建设混乱，村容村貌不堪入目。乡村环境的脏、乱、差已成为我国最大的环境问题之一。此外，农民收入增长缓慢，农民经济利益得不到有效维护，农民的平等权利得不到保障等。

面对农村家庭联产承包责任制以来出现的新情况、新问题、新特点，必须选拔强有力的领导班子，带领村民奋发图强、科技致富、苦干实干加巧干，改变农村落后面貌。要注重选拔能致富、有闯劲、讲奉献、懂经营、会管理，不偏亲向友，大公无私、年富力强的党员到村级班子。调整那些素质差、群众影响坏、无经济头脑、无致富技能、无所作为的村干部，实现"庸者让，贤者上"的制度。

农村村干部是党在农村第一线的指挥员，是农村工作的战斗员，也是农村现代化建设的施工员。大要管到国家方针政策，小要管到百姓吃喝拉撒，责任很重。

在选配好村级领导班子的同时，还要把农村村干部的学习培训列入各级领导重要的议事日程，制定培训计划，创新培训模式，采取县乡村三级联动的方法，为村干部"充电补能"。一是强化思想政治教育，使村干部"想干"。主要学习党在农村的各项方针政策，市场经济知识和有关法律法规，提高村干部对党的路线、方针、政策的理解和认识，增强执政党在农村各项方针政策中的自觉性。二是强化实用技术培训，使村干部"能干"。通过科技培训，学习科技资料，走出去到先进村学习致富经验，上级科研部门传递信息，

提供科研新品种。三是强化领导方法和领导艺术培训,使村干部"会干"。现在随着党和国家"一免两补"的逐步实施,农民种粮积极性空前高涨。但也应看到目前农村存在的问题很多,困难很大,真正把农民组织起来、武装起来还任重而道远。这就需要县、乡(镇)两级领导,把村干部培训工作列入日程,并切实抓好。要聘请专家讲课,还要请优秀村干部现身说法,有针对性地提高村干部的综合素质。在培训形式上,要坚持做到集中培训和经常性教育相结合,长期教育与短期教育相结合,课堂辅导与座谈讨论相结合,学习外地典型与本地典型相结合,使村干部开阔视野,增长知识,提高"双带"本领。

三、正确处理好几个关系

农村工作千头万绪,作为村干部要力争站得高、看得远,正确处理好以下几个关系。

(一)要正确处理带头致富和带领群众致富的关系

现在农村实施家庭联产承包责任制后,各村实行村民自治,公开选举大家信得过的村干部,这些村干部大多数年轻力壮,有文化、有头脑,接受新鲜事物快,大都是一方致富能手。这些"村官",不但要自己带头致富,还要做出样子,带领村民们致富。如某地牌头镇贾乔村党支部书记宣庆云1996年上任后,通过深入细致的市场调研,又多次召开村两委会议,决定把村后的23公顷荒山野坡开辟出来,发展无公害蔬菜,并投资80多万元,对道路、沟渠、电力等设施重新规划、建造,又修筑水泥机耕路8 000多米,三面光水泥渠5 000多米,购置抽水灌溉机2台。农业基础设施搞好后,村里决定建一个现代化的蔬菜园区,先规划发展100个钢管蔬菜大棚,可村民没有一个报名承包的,原因是弄不好怕亏本不敢干。党

第五章　学会领导艺术，提高城郊村干部素质

支部书记带头承包了 30 个大棚，同时鼓励有条件的党员干部带头承包。功夫不负有心人。通过精耕细作，科学管理，大棚蔬菜结出了硕果，每个大棚纯利润 2 500 元，667 平方米收入达 1 万元，在事实面前，村民的心热了，纷纷要求承包。尝到甜头后，村里又改造了 6.7 公顷旱地和黄山茶园，又建起 100 个标准蔬菜大棚。党支部书记还自费办了无公害蔬菜实用技术研究所，任务是：一是种菜如何不用农药，二是培育优质高产的蔬菜品种。在研究所的带领下，该村蔬菜基地的新技术、新品种推广活动相当顺利，基地的土壤、水质和蔬菜都达到了无公害的标准，该村的无公害蔬菜成为市场的抢手货，实现人均增收 1 000 多元。

上述事实说明，村官不但要自己富，还要心里时刻想着老百姓，要大搞调查研究，针对本村实际，挖掘可利用资源，要在单产、稳产、高产上做文章，要广辟资源再利用门路，要把有限的资源变成无限可利用的资源，要大开新技术、新产品、新品种的引进之门，不断改变本地的种植结构，从而提高土地的利用率。

（二）搞好结构调整

农村有一句老话："要想富，先修路"。还应加上一句：无工不富。现在农村仅靠老把式种那些地是难以脱贫的，也永远富不了。因此，村干部要勇敢地站出来，大刀阔斧搞结构调整，走大寨式发展之路。在农村土地利用可分为几种模式：一是把地相对集中到种田能手、形成种田大户以利于机械化种植，也便于合理、科学、有效地利用土地资源，有利于推广科学种田，发展高效农业、生态农业，农林牧副渔全面发展，使土地逐步达到高产、稳产。这样做，有利于提高土地的利用率，有利于使用大型机械，提高机械利用率。节省的大量人力，可搞劳动力转移，办一些适合本地特点的企业或其他行业。二是把土地放归农民个人所有，土地可以出租或转让，这利于农民在土地上大做文章。现在农村土地可开发、利用的潜

力很大,还有些沉睡的土地没被开发和利用,单产还不高,总产还不稳,种田的科技含量低。分产到户后,首先应该武装人的头脑。土地的开发,首先要开发人的大脑,充分调动人的主观能动性,向种田能手学习,大搞科学种田,努力提高单位面积产量。三是村里成立科学种田研究站,任务是学习外地先进经验,引进新品种、新技术。研究出适合本地创高产的新品种,在提高单产、增加收入上做足文章。

　　在充分做好土地开发利用这篇大文章的基础上,还要发动群众,大搞调查研究,挖掘本村可以利用的资源,尽量上一些新项目。经论证可行的项目,就要大胆尝试。也可以搞农副产品的深加工,特别是针对人们膳食结构由餐餐细粮改为尽量多吃些粗粮的实际,紧紧抓住这一有利于农村发展的良好时机,要充分利用这得天独厚、取之不尽、用之不竭的资源,经加工转化成城市人喜欢吃的粗粮细作食品,去占领城市食品市场。这样,每一品种都可转化为几个或几十个新品种,这既可使产品几倍、几十倍的增值。这就为农民增加了收入,同时也安排了剩余劳动力,实现了劳动力的有效转移。昔日的农业样板山西大寨,如今已变成"工商大寨"。他们先后办起了饮料加工、食品、服装、纺织、采煤、运输、酿造等新型工商企业群,平均每个企业约 80 人左右,规模不大,效益较好,使村域经济财富猛增,其结果就是村强、民富。仅 2004 年统计,大寨村域经济总收入实现 1.1 亿多元,户均达到 64 万元,人均达到 21 万多元,其中农业收入仅占 1%。由此可见,农民要想富,农村要想改变落后面貌,只在土地上做文章是远远不够的,一定要在做好土地这个大文章的基础上,发展好工业、商业以及畜牧业和相关产品。有条件的还可发展旅游业,以增加农民的收入,壮大集体经济。像大寨这样的典型,在全国有很多,他们能做到的,我们为什么办不到?这一问题确实值得我们所有的"村官"认真思考!

　　在市场经济大潮中,为了克服"小农户、大市场"的矛盾,为了

第五章 学会领导艺术,提高城郊村干部素质

增加分散的农户在市场交易中的谈判能力,降低交易成本,可成立专业合作经济组织,它的任务是了解各地农产品市场动态,学习接受不同学科的知识和不同生产门类的技术,处理大量的科技和产品信息,把外面的新技术、新产品通过培育、试验、改造,引进来形成自己的品牌,发挥品牌效应,把当地的产品推销出去,使农民从中受益。

(三) 正确处理好村委会和党支部的关系

实施村民自治后,村党支部和村委会作为乡村基层管理的两个"火车头",其关系近年来呈现恶化趋势并愈演愈烈,更有甚者互相拆台,使乡村治理陷入了一种困境。现在"两委"矛盾的形态主要表现为三种情况:党支部"贪政",村党支部把党的领导绝对化,事必躬亲,村委会不能独立行使职权;村委会"揽政",村委会事事越权"不让管",而党支部无原则退让,"不愿管";村支书和村主任都想把权力完全集中到自己手里。

作为一村公共事务的管理机构,村党支部与村委会的职责都是为村民服务,为什么会出现上述矛盾和冲突呢?简要分析产生的原因是:"两个规定",无法界定。按照《中国共产党基层组织工作条例》规定:村党支部的主要职责是讨论决定本村经济建设和社会发展中的重要问题。而《村民委员会组织法》具体规定:村中大事应由村民通过村委会、村民大会等自治组织来决定。这就出现了"村中重要问题"和"村中大事"如何界定却没有具体标准。按这两个"规定",村中自然就有两个决策中心,一个是村党支部,一个是村委会,一旦村党支部与村委会的意见不一致,组织间的冲突就不可避免。如果强调党支部的领导核心地位,那么村委会就成了"傀儡",如果强调村委会的自治性质、法人地位,党支部就可能被架空,党对农村工作领导就难以体现。于是就出现了支部"贪政"、村委"揽政",两委"夺政"。在计划经济体制下,党的领导在农村中

就集中表现为党支部的领导,而由于基层民主不够健全,党支部的领导又简单表现为党支部书记的领导,党支部书记决定村中的一切事务。而现在实施村民自治后,党支部书记虽然形式上由村中的党员选举产生,但实际上是由乡镇党委决定的。

  由此农村的治理上就产生了双重矛盾,一是任命制与选举制的矛盾,即党支部成员由任命产生,而村委会成员则由选举产生,于是便形成"上级来人找支书,村民有事找主任"的局面。二是二元决策的矛盾,党支部是传统的村务决策实体,而选举产生的村委会要依法行使村务决策权,这就产生了"两委"的矛盾。两委关系的实质是国家行政权力与村民自治权力的关系,是政务与村务的关系,是国家与农民的关系。村党支部不仅是对村庄公共生活进行政治领导,即实现政治领导权,更重要的是扮演了国家行政机构的角色,行使的是国家行政权力,更多的是体现和维护国家利益。而村委会更多的是扮演"村民当家人"的角色,本质上反映的是村民的利益。于是也就出现了两种利益中心和两个权力中心,两委冲突就是行政权与自治权冲突,政务与村务冲突和国家与农民关系紧张的外显。但现实却是,两种权力中心之间没有任何的缓冲地带,没有设置特殊的"安全阀",直接导致了两者的正面冲突。综上所述,两委之间的矛盾是不可避免的。为了使两委能步调一致,可以通过制度创新明确划分村党支部与村委会的职责和权限,尽可能减少对公共领域管理上的冲突点。

  这就要加强对"村官"的培训和教育。一是加强理论学习,提高思想政治素质。通过开展邓小平理论和"三个代表"重要思想的学习,加强思想作风建设,重点解决"村官"存在的市场经济观念淡薄、思想保守、开拓进取精神不强,基本理论水平低的问题。二是加强政策法规教育,提高执行政策的自觉性。三是加强领导方法培训,提高实际工作能力,同时要建立合理的工作协调机制。在谋划大事上,一定要发挥党支部的凝聚力和战斗力,村委会也一定要

第五章 学会领导艺术,提高城郊村干部素质

积极参与,顾全大局,摆正自身位置。这就需要两委成员,特别是书记与主任,应做到识大体、顾大局、大公无私,定期或不定期的开好两委的联席会议,对村中的重大问题进行统一思想、统一认识,形成一致意见,然后按所分管的的职权范围,去落实执行。对不同意见难以统一,要通过摆事实、讲道理,按党的方针政策衡量,做到以理服人,尽量达到心情舒畅。对于难以统一的,要各自搞调查研究,必要时召开村民大会或村民代表大会,广泛听取村民意见,然后再作决策,以求决策的正确性,使两委之间、领导与群众之间统一认识、统一行动,减少决策的盲目性,把本村的工作做好。

(四)要正确处理好干群关系

现在农村干群关系紧张表现是多方面的,但主要表现在:合理的收费,农民的意见少;可收可不收的费,甚至强加给农民的费用,反应强烈;干部腐败,对干部大吃大喝,侵占公款,偏亲向友,损失浪费等,农民深恶痛绝;干部在为民办实事过程中,好事没有办好,或从中渔利,比如修桥补路、办学、电网、水利项目等建设过程中,质量有问题,费用过高等都可能造成冲突;对农民生产经营活动的强制性干预;选举过程中的不符合规范程序,当选干部与落选干部之间的矛盾;还有宗族势力在农村的横行霸道,使干部不好开展工作,甚至无法工作等。

干群关系紧张来自两个方面,一是干部,二是群众。任何矛盾都有它的主要矛盾方面和次要矛盾方面,在这一对矛盾中,干部是矛盾的主要方面。干部问题主要是素质问题、教育问题、监督激励问题。现在的农村干部真正一心为公,绝不偏向亲友,全心全意为群众谋福利的不多;想当干部的多,但真正会当干部的不多;一事当前,只想国家利益、集体利益、群众利益,不想自己利益的不多;胸怀大局,对全村科学致富、快速致富,有宏伟目标、科学计划,并逐步实施的不多。面对这样的干部队伍素质,要在调整的基础上

城郊村干部如何当好新农村建设带头人

重在教育,并建立监督激励机制,使干部尽快达到"想干、会干、能干",就像《希望的田野》里凤凰岭村的村主任田野那样,一身正气,敢于向一切歪风邪气作斗争,因为他一心想着集体利益,为了集体,为了正义不怕得罪任何人,为了集体拿出自己的钱无代价地为村里办厂。只要村干部思想觉悟提高了,他内心深处就会有群众,遇到问题就会想群众之所想,和群众想到一起,干到一起,这样就没有解决不了的问题。打铁先得本身硬,只要有自身行得正、说得才能硬,才能在群众中有威信,才能得到广大群众的积极参与,干部的号召才有人响应。无论做什么事情,只要有广大群众的参与,才能少走或不走弯路,才能收到事半功倍的效果。

四、坚持原则,实事求是

领导艺术的主体是领导者,是领导者高层次的领导技能、手段和方法。高超的领导艺术源于领导者丰富的领导实践,在领导实践中不断发挥、充实、提升自己的领导艺术。在领导从事工作的实践中,要灵活运用好领导艺术,做好本职工作。具体要坚持以下几点。

(一)为人正直,讲求诚信

"上面千条线,下面一根针"这足以说明基层领导工作的艰辛。村干部长期工作在农村第一线,环境艰苦、条件差,工作时间没有规律,工作千头万绪,任务重且难度大。人员素质复杂,来自上级各个方面的任务铺天盖地地压来,有时令"村官"们难以招架,整天疲于应付。同时,还要受到缺少帮手、经济条件差等条件制约。要完成任务,真是难上加难。当"村官"不易,当个好"村官"更难。这就给"村官"提出更高要求,在农村第一线要有战斗力、凝聚力、向心力和感召力。这些"力"决不是靠主观臆造出来的,更不是凭嘴

第五章 学会领导艺术,提高城郊村干部素质

喊出来的,而是凭借一身正气、身先士卒、说到做到、为人正直、办事讲诚信赢得群众的信任,使村民对你满意,心悦诚服拥护你,愿意和你同甘共苦、齐心协力战胜困难。只有这样才能干好村务工作,才能圆满完成上级交付的各项任务。原则话好说,但要真正做到就不那么容易了。在工作中要本着量力而行的原则,从本村实际出发,能办到的才说,说出的话要坚决兑现。

(二) 处事公正,一碗水端平

农村的自然村是由一个自然屯或几个自然屯组成,而这些村民是世代长期居住在一起、同姓同宗的居多,婚姻联亲的多。俗话说"屯亲,屯亲,打断骨头连着筋",纵横交错,编织成一个密密麻麻的屯亲网,而村干部就是从这张网中产生的佼佼者。这样的村干部有两个前途,一是以"我"为中心,亲朋好友为半径,大刮裙带风,久而久之,这个村就成了针插不进、水泼不进的独立王国,党的路线方针政策、上级的各项指令在这样的村很难落到实处。但也不是所有的亲朋好友都受益,"亲戚有远近,朋友有厚薄",部分人得宠,横行乡里。大部分人怨声载道,天长日久,积怨越来越深,形成一股不可抗拒的洪流,群情激愤,会把这样的村干部赶下台。二是以"公"字为中心,勇敢地跳出裙带圈子,公平处事。在农村宗族势力有所抬头,裙带之风、腐败之风越刮越烈的今天,真正做到处事一碗水端平绝非易事,会受到来自宗族势力、亲朋好友的顽强抵抗,他们会软硬兼施。请客送礼、拉拢腐蚀等"软"的伎俩,"软"的不行,就翻脸以棍棒、放血相威胁。所以要做一个好的村官,就应勇敢站出来,挺起胸膛,面对眼前的一切。要想打开局面,首先要做好家属和直系亲属的工作,让他们成为你做好工作的强大后盾,解除后顾之忧,而不是后院着火。做到处事公平,不偏亲向友,决不是一时一日,而是要长期坚持。一个人一生做一件好事容易,难的是一辈子做好事。一个"村官"真正能做到处事公平,一碗水

城郊村干部如何当好新农村建设带头人

平,就能够树立威信,赢得人心,有广大群众作后盾,没有克服不了的困难。

(三)群众利益,高于一切

一个合格的"村官",要心中有群众,时刻把群众的冷暖放在心上,视群众利益高于一切,心中有这样一个信念:爱民是本份,人民的地位最高;爱民是责任,人民的恩情最深;爱民是动力,人民的利益最大。干部的使命就是团结和带领人民群众不断实现他们的利益,建立最美好的社会。在新的历史条件下,我们要坚持把为民服务放在第一位,真正实现好、维护好、发展好人民群众的利益。要当一名群众满意的村干部,爱民之心、为民之德是前提,富民之才是关键。村干部要懂得社会主义市场经济和农业产业化经营的基本知识,能够带头致富和带领群众共同致富。要善于学习,会谋划,不仅要在村级集体经济发展上善于谋划,还要在农民增收上善于谋划,积极引导群众树立发展的新观念、新思路。还要能"双带"。即带头致富和带领群众致富。要具备这些能力,就必须不断努力提高自身素质,做"双带"型人才。村干部要凝聚人心,发展集体事业,还要懂得做群众工作,善于做群众工作,要常思安民之策、富民之策,要想群众之所想,急群众之所急,做到群众的利益高于一切、群众的呼声先于一切、群众的疾苦急于一切。要办民事,要想赢得群众的拥护和支持,自己首先要有崇高的思想境界,要为群众多办事,要民主,不断深化村务公开和民主管理,规范民主决策制度。真正做到"给群众一个明白,留干部一个清白"。某地店口镇六村党支部书记叶迪星1996年担任村支书,10年来,通过村两委会及村民的共同努力,将全村建成了拥有固定资产1 100万元,人均收入15 300元的小康村。他们积极鼓励村民办厂,为村民办厂提供土地,其他基础设施建设尽量帮助考虑,这就调动了村民办厂的积极性。六村先后办企业65家,老百姓富起来了,村集体经济实力也增强了,为改变村庄面貌奠定了坚实的物质基础。他们修了灯光篮球场,清理了露天粪坑110个,新建公共厕所5处,又修了长850米、宽7.5米的村级水泥路,修自来水,让村民们吃上放心水。新农村建设一期工程投资510万元,建房21户,已于2003年投入使用。他们还积极开展"硬化、绿化、亮化"工作,改善村庄整体环境,共硬化道路约1.5万平方米,绿化约5 500平方米,村内安装路灯120盏。村干部心里装着老百姓,为百姓办实事、办好事,百姓从心底拥护、感谢村干部。一份耕耘,一份收获,在2005年的换届改选中,他再一次满票当选。

(四)实事求是,科学决策

所谓领导决策就是提出问题、研究问题,拟定方案,择优选择并实施方案的过程。科学的决策应该是人们为了实现特定的目标,运用科学的理论和方法,广泛开展调查研究,并从中选出最佳方案。但是领导决策总是与领导者个人的意志和个人素质相联系的,领导者的综合素质直接影响到决策的水平和正确性。因此,领导决策从一定程度上来说,是领导者个性和主观意志的体现。这就要求决策者应该随时不断提高自己的个人素质和决策能力,在作决策时,注意个人意志和组织意志的一致性,正确处理个人意志和组织意志的关系,注意倾听不同意见,认真分析是否有道理,经充分讨论后再做出决定。

领导决策的正确与否,是事关全局方向目标的重大问题,是关系到全村事业兴衰的决定性因素。一个村要想兴旺发达,民富村强,关键要有个好班子,好班子还要有个好的领头人,在关键时刻做出符合本村实际的决策。好的决策来源于对本村可利用资源进行实事求是的筛选,使信息及时准确的传递,对传递过来的信息还有科学分析,预测发展后果和趋势,这样的预测分析范围包括社会预测、经济预测、市场前景预测,要着眼于未来的发展趋势。预测是领导决策的客观要求,一旦了解了未来趋势,制定行动方案就有了依据,决策也就有了基础。由此可见,市场预测很关键,其根据是对当地可利用资源进行实事求是的评估,从复杂信息中进行科学推断,从市场的不断变化中找规律。事物发展的各阶段具有连续性。现在是过去变化的结果,而未来的变化又是以现在和过去为基础来预测未来的发展趋势。市场经济条件下,光靠向土地要钱是远远不够的,要想办法把这块面包做大做强,要把这有限的资源想方设法变成取之不尽、用之不竭的财源,来壮大全村的集体经济。村强民富,这应该成为村干部工作的指导思想。

科学决策是一种富有科学性和真理性的决策。保证决策的科学性,主要依靠科学的决策体制,科学的决策程序,科学的决策方法等。决策的科学性从本质上看,来源于科学的思维,遵循科学的决策原则和标准,保证决策具有真理性,主要是决策必须建立在实事求是和遵循客观规律的基础之上。

(五)坚持原则,依法办事

现在农村人员的文化程度普遍较低,因为文化较高的都考上大学到城市中去了,没考上大学的也大部分出去打工了,剩下的大多数文化素质较低。加上农村宗族势力的逐渐兴起,村干部工作要受到来自各方面的阻力。街坊邻里的一件纠纷引发的婆媳大战,也要找村干部论个短长。妇女们无事可做,张家长、李家短的口角之争也找村干部解决。这些鸡毛蒜皮的小事占用了村干部很多时间,更何况是因宗族势力的兴起引发的矛盾,更让村干部头疼。对不是一个宗族的干部,他们横挑鼻子竖挑眼,处处为难,甚至造谣中伤,让村干部在群众面前抬不起头来。也有的宣传封建迷信,抵制计划生育等政策的落实。还有的在村干部改选时,拉帮结伙,企图把敢于主持正义的村干部选下去。更有甚者,对触犯其个人利益的村干部,还以武力相威胁。面对这些歪风邪气,是被吓

第五章 学会领导艺术,提高城郊村干部素质

倒,屈服他们的压力,还是挺直腰杆,迎着困难上。作为村干部应一身正气,相信群众的眼睛是雪亮的,邪不压正,那些煽风点火的人是害怕阳光的。作为村干部要相信群众、依靠群众、放手发动群众,善于发现,培养村中骨干,并凭借这些骨干力量形成村中正义的洪流,对村中的歪风邪气要敢于批评,树正气、刹歪风,把党的方针政策落到实处。当然,村党支部要深入细致地做群众思想工作,提高群众的思想觉悟,把思想工作做到家,既要坚持原则,又要把思想工作落实到人,既要思想工作入脑,又要落实到行动上。

对农村出现的打架斗殴,聚众赌博,大搞封建迷信活动的人,经多次教育不悔改的,还要依法办事,该处罚的一定要处罚,对触犯刑律的要交公安机关处理。绝不能姑息养奸,助长歪风邪气的滋生蔓延。在法律面前必须人人平等,一视同仁,否则后果是严重的,势必造成村中拉帮结派、上访告状,村中永无宁日,这是干部自己"木匠戴枷,自作自受"。

(六)严于律己,宽以待人

农村干部虽然"官"不大,但管的事可不少,大到党和国家的方针政策在农村基层的贯彻落实,小到村民的吃喝拉撒睡,婚丧嫁娶,子女上学等,都少不了"村官"的身影。村官要干工作,一天有忙不完的事情。在今天改革的经济大潮中,又给村官添了一项新的工作,那就是还要管农民一年的产品,不但要推销出去,还要卖个好价钱。这是农民的切身利益,村官岂有不管之理。俗话说"当官不为民做主,不如回家卖红薯",商品大潮的交易,一家一户的小生产者,难于在这商品经济大潮中驰骋。村民要致富,成立公司要有专人管,不但能推销产品,还要引进新品种、新项目、新技术,农民才能有致富的门路。因此,村民千百双眼睛都在盯着村干部,村干部的一言一行、一举一动都在影响着村民,村干部每一项重大决策的正确与否,都关系到全村村民的福与祸。一个一心为公的好

城郊村干部如何当好新农村建设带头人

村官能给一方百姓带来幸福,反之,百姓就要遭殃。村干部们可不要不把自己当作"官",其作为关系一方百姓的利益,应时刻记住百姓是我们的衣食父母。

一个村干部要使自己受百姓拥护和欢迎,在前进的路上不犯错误或少犯错误,关键是靠自己把握自己,扎扎实实学本领,认认真真守本分,清清白白保本色。每个村干部都应该做到"四个管住":管住自己的头,不该想的不要想;管住自己的嘴,不该吃的不要吃;管住自己的手,不该拿的不要拿;管住自己的脚,不该去的地方不要去。只有管住自己,严以律己,才能使自己永远立于不败之地。还要宽以待人,时刻关心群众的疾苦。群众有难,当干部的应该伸出援助之手,尽量帮助他度过难关,无论过去恩怨如何,即使是反对过自己的人,也不能看笑话。在关键时刻拉一把,远比做思想工作胜出十倍。实际行动最能感动人、教育人。干部就应该有干部的风范,不能跟村民斤斤计较。我们要时刻记住村干部的使命就是团结和带领人民群众不断实现他们的现代化目标,建设最好的新农村,在新的历史机遇下,村干部要坚持把为民放在第一位,真正实现好、维护好、发展好人民群众的利益。时刻要提高自己的为民之德、富民之才、安民之策,做一个深受村民欢迎的好"村官"。

(七)形成合力,团结出力量

团结就是力量,这力量是铁,这力量是钢,比铁还硬,比钢还强。的确,团结重于泰山。古今中外无数事例都可以说明,团结是无往不胜的法宝,能够战胜任何艰难险阻,能够消灭任何貌似强大的敌人。战国时期七雄争霸,小国赵国,文有蔺相如,武有廉颇,结果遭遇反间计,二人不和,后来二人化干戈为玉帛,团结一致,最终取得胜利。解放战争时,我党只有90多万正规军,小米加步枪打败了拥有800多万美式装备的蒋介石军队,一个最重要的原因就是团结。"军民团结如一人,试看天下谁能敌?"把蒋介石赶出了大陆,解放全中国,才有了我国的今天。中华人民共和国成立初,帝国主义妄图把我们的红色政权扼杀在摇篮中,他们除了进行军事威胁,还搞经济封锁、科技封锁,但是我国人民坚强不屈,团结一致,终于克服了困难,战胜一道道难关,不但研究出氢弹、原子弹、人造卫星,还研发出宇宙飞船把航天员送上了太空,并安全返回地面,这充分体现了团结的威力大无边。

一个村也是这样,党支部与村委会配合默契,真正形成合力,这个村很快就会改变面貌,公共福利事业年年都会迈出个新台阶,村民年年都会增加收入。如果两委不和或领导班子内部矛盾重重,内战不止,经常打消耗战,那么这个村就会永无宁日。村民的幸福生活更无从谈起,这真是:家和万事兴。

作为一个村干部,不要总为一己私利而争权夺利。村干部不要耳根软,听风就是雨,应该向古人蔺相如学习,凡事从大局着想,为村民的利益着想。少一份私心,就能增一份干劲。有分歧、有矛盾,这在工作中纯属正常现象,有问题不怕,就怕不认真解决。出现矛盾后,作为矛盾的双方,都应该冷静想想,自己是不是也有急躁的毛病,站在对方角度想想,经反复促膝谈心和自我剖析,没有解决不了的问题,没有过不去的火焰山。怕就怕各自强词夺理,不是出以公心,只是自己打小算盘,使本来容易解决的问题复杂化。因此希望每位村干部遇事头脑冷静,以大局为重,严以律己,宽以待人,珍视团结就像爱护自己的眼睛一样,关爱班子稳定,就像爱惜自己的生命一样。

五、怎样提高领导艺术

作为一名村干部要想实现竞选时的承诺,就必须广泛联系群众,把群众紧紧地团结在自己的周围,充分调动广大群众的积极性,为搞好本村工作出言献策。同时,为了使自己早日成为一名合格的"村官",还要在工作中注重提高自己的领导艺术,使自己的领导能力不断提高。

首先,学习是提高领导艺术的根本。勤于学习,善于思考,是提高领导艺术的基本途径。古今中外所有具有高超领导艺术的人,都是勤于学习、善于思考的人。领袖毛泽东、周恩来等,他们知识渊博、领导艺术高超,具有独特的领导风格,源于他们终身学习和勤于思考。在改革开放的今天,就更需要学习,掌握关于领导艺术的专门知识。同时,应该学习哲学、马克思主义理论所倡导的唯物辩证的思维方式、实事求是的精神、具体问题具体分析的方法,也正是领导艺术的灵魂。高超的领导艺术处处闪耀着辩证法的光辉,从一定意义上说,领导艺术就是唯物辩证法在领导活动实践中的灵活运用。领导者要顺利实施领导,提高领导效能,必须善于把组织目标与个体意志有机结合起来,把组织目标转化为个体目标,使其为整个组织积极主动地贡献自己的才智。既要满足主旨的要求,又要体现个人意志。这样领导者就具备了双重责任,村干部时时处理着各种矛盾,平衡着各方面的利益,进行有效激励是领导艺术的重要内容。在今天社会发展和市场经济大潮中,要想立稳脚跟,必须善于学习一些专门知识,既要懂得农业知识,也要学会管理。要多接触、多交流,注意观察,善于归纳,这样就能够学到好的方法、经验,从而形成自己独特的领导艺术风格。

其次,实践是提高领导艺术的根本途径。真正的领导艺术是在实践中学,并指导自己的实践。只有在实践中体验各种酸甜苦辣,才有那种真情实感,才有心灵的震撼,从而才有领导的灵感,不断提高领导才能,逐渐成为成熟的基层领导干部。

第三,修养是提高领导艺术的主要方法。领导艺术是领导者的智慧、学识、才能、胆略、经验在领导实践中的综合反映。要提高领导艺术,就必须重视自身品质、个性、意志的修养磨练。要做一

第五章 学会领导艺术,提高城郊村干部素质

名合格的村干部,就要带领村民竭尽全力为实现科技致富而努力奋斗。领导者自己的德行修养非常重要,职位权力是领导活动得以展开的底线,人格感召力构成领导者权威的重要基础,从而也是高超领导艺术的基础。没有博大的胸怀、远大的志向、高尚的情操、过人的胆略,就谈不上高超的领导艺术。正直和诚实是领导者必须注重的自身修养,在改造客观世界的同时,努力改造主观世界。一个优秀的领导者是十分重视自身思想作风建设的,可见,人格修炼是提高领导艺术的重要基础。

最后,总结是提高村干部领导艺术的重要方法。村干部领导艺术既有灵活性、多变性,又有规律性。只有认识和掌握村干部工作的规律性,才能结合实际,自如运用,有所创造,不断提高领导艺术水平。所以,作为领导者要善于总结,使经验向理性上升。总结是提高领导艺术水平的重要方法。既要总结成功的经验,使之向理性上升,使之条理化,以把握规律性的东西,又要善于总结失败的教训,查找原因,寻找对策,找到提高领导水平和艺术的路径。

六、农村干部素质方面存在的主要问题及其原因

我国广大农村的村干部大多数是素质高和比较高的,他们兢兢业业,任劳任怨,带领村民发展农村经济,走富裕之路,在农村经济发展中起到了"领头羊"的作用。但也应该看到,有少数村干部素质比较低,存在着这样或那样的问题。主要表现在思想道德素质和业务素质两大方面。

(一)思想道德素质

一些村干部在思想道德素质方面,主要存在以下五方面的问题。

1. 政策观念淡薄,政策水平不高 一些基层干部缺乏学理

论、学政策的热情,他们对党中央、国务院农村政策的精神实质理解不透、掌握不够,还有一些干部不愿意甚至不敢宣传中央的政策,实行"消息封锁"、"政策截留",怕农民知道政策后给自己的工作增加难度。也有的干部固守权大于法的观念,不是严格按中央的政策办事,而是"打擦边球",钻政策的空子,甚至借中央政策的口子"搭车收费"。

2. 决策能力不强,缺乏带领群众致富的本领 客观地讲,绝大多数的基层干部还是愿意为农民干实事、办好事、谋利益的。但由于他们水平不高,能力不强,不能带领群众走上富裕之路。如有的干部为了发展地方经济,上项目、办工厂、建工程,应该说初衷是好的。但由于他们对本地的资源和优势缺乏研究,对市场缺乏了解,不能按市场经济规律办事,缺乏必要的管理经验,工厂企业办了垮,垮了办,结果所有损失和代价不得不转嫁到农民身上。

3. 工作方法简单粗暴,缺乏思想政治工作的耐心 其实,在一些乡镇,干部连工资都发不出来,并不像想象中的那么腐败。问题在于一些地方该交的加码收,不该交的也要收,不敢向群众说实话、讲真情,结果躲躲闪闪,无法取得群众的理解和信任。同时缺乏工作耐心,"通不通,三分钟,再不通,龙卷风",动辄以势压人。

4. 工作作风不实 目前,在基层干部中盛行着几股歪风:一是浮夸风。数字出成绩,数字出干部,浮夸换来了各种桂冠,结果害了农民,苦了百姓。二是攀比风。有些地方尽管集体经济没有什么积累,教师的工资发不出来,但豪华办公楼要兴建,几十万元的车子要坐,通信工具换了一代又一代,豪华的会议室、歌舞厅不能少……总之,别人有的不能少,社会上什么时髦都要赶。三是吃喝风。开会要吃,下乡检查工作要吃,出差在外要吃,来了客人更要吃。今天你请我,明天我请你,吃腻了还要变着花样吃,结果集体经济吃垮了,群众心吃散了,干部作风吃坏了。

5. 公仆意识、服务意识淡薄 全心全意为人民服务是党的宗

第五章　学会领导艺术,提高城郊村干部素质

旨,干部是人民的公仆,掌好权、用好权是对干部最起码的要求。但是,有些干部的脑子里根本就没有公仆、服务这根弦,他们手中的权力不是用来为群众办实事、谋福利,而是作为一种"挣钱"的资本、为自己谋利的工具。加上乡村财务缺乏必要的监督,这就为有些人大肆侵吞、挥霍集体财物提供了"沃土"。

(二)业务素质

在业务素质方面,一些村干部存在的问题主要表现在以下九个方面。

1. 缺乏市场经济观念　村干部在实现小康生活的奋斗中自身素质提高很大,但目前市场经济意识仍然较薄弱。一是不懂市场经济规律,不知道以价值规律为基础的市场竞争,不清楚如何在市场竞争中生存和发展。二是缺乏超前经营意识。一些村干部缺乏对市场发展趋势的预见性,更谈不上制定经营战略,在市场变幻中无所适从。三是嗅觉不敏锐。市场经济瞬息万变,而一些村干部对市场变化反应迟钝,不能及时获取信息,预测、研判未来发展方向。四是缺乏竞争意识。一些村干部满足于大乱子不出,税费及时缴,有钱消费好,村民无打架斗殴,无"偷、赌、黄",无违法犯罪现象,而不是想方设法带领村民在竞争中求发展。

2. 缺乏市场经济知识　村干部虽然经过20余年改革开放的磨练,有了一些经济知识,但在思想上仍然习惯于传统的农业耕作方法,满足于自给自足的生活方式,缺乏创新意识。一些村干部在工作上仍然习惯于大集体时的工作方法,满足于计划经济体制下的领导方式,缺乏新的经营管理手段,在经营管理上仍然习惯于宗族式的经营管理模式,满足于家天下的管理方法,缺乏引进资金项目、引进高科技人才的思路。少数人不了解社会主义市场经济的基本知识和工作方式、方法,不清楚市场经济的基本特征,不明白现代农业是参与全球经济竞争的农业,不能做到"立足现实、预测

城郊村干部如何当好新农村建设带头人

未来,运筹帷幄,把握时机,扬长避短",更不知如何坚持党的领导、坚持社会主义方向。

3. 缺乏市场信息意识 信息化是当今世界经济和社会发展的大趋势,也是我国实现经济跨跃式发展的关键。在农业结构调整中,因信息匮乏造成的惨痛教训令人刻骨铭心。一是认识不足。不懂得信息是资源,是财富,是经济发动机的燃料,不懂得科技信息在经济发展中的地位和作用。二是信息滞后。有的人在决策前不善于调查研究、收集情报,凭拍脑门决策;有的人在决策前虽掌握信息,但对发展趋势的预测缺乏科学性和及时性;有的人在决策前得到的信息滞后,导致决策失误。三是缺乏信息设施,没有信息收集渠道,没有计算机和网络,只有利用陈旧的方法收集信息,无法充分利用信息资源为经济发展服务。四是没有信息知识。多数人不懂计算机、系统软件、网络等高科技知识,对获得的信息无法科学利用。

4. 缺乏群众观念 群众观念是党的性质、宗旨、作风的具体体现。随着改革开放的深化和社会主义市场经济体制的建立,少数村干部的群众观念出现了淡化的倾向。一是只顾个人先富。一些村干部认为市场经济就是搞私有制,应干部先富,家族后富,群众再富。在工作中争名争利,投机钻营,甚至以权谋私,贪污受贿。二是只对上负责,惟上是从。对上级指示照传照搬,至于落实则搞瞒天过海,看领导眼色行事,对群众疾苦则不闻不问。为了受宠不惜溜须拍马,百般讨好,甚至虚报浮夸,做表面文章。三是对工作马虎应付。一些农村干部感到工作难度大,报酬低,得罪人,但有权力办事方便,有补助生活宽裕,有地位名声好,因而既想当干部,又不想谋其政,就采取公私兼顾的方法,视上级任务是"小事",能推则推;视群众工作是"累赘",能躲则躲。四是把群众当成软面团,想咋捏就咋捏。当某项政策不适合口味时,就说群众不乐意而拒绝执行;当某项工作损害个人利益时,就鼓动群众软抗;当群众

第五章 学会领导艺术,提高城郊村干部素质

有意见时就"唬"群众;当群众对政策不理解时就"压"群众;当群众"抗费"时就"抄"群众;当选举时则"哄"群众等,以至于一些地方干群关系紧张,矛盾不断激化。

5. 缺乏创业意识 农村经济能否走上繁荣之路,村干部起着决定性的作用。但少数村干部创业意识不浓,总是怕这怕那。一怕担风险。他们认为创业意味着冒险,一旦失败,他人嘲笑,社会不理解,家人责怪,与其如此,不如改革停在口头上,工作停在安排上。二怕得罪人。怕得罪人多了孩子老婆受孤立,断了后路。三怕艰苦创业,一味地等、靠、要。等,即等上级政策、说法,等群众觉悟、支持,等社会经济条件,等不着不干。靠,即靠上级催,靠别人推,靠金钱扶持,靠不住不办。要,即伸手要款,要项目,要优惠政策。经商办企业,赔了是公家的,赚了是个人的。四怕竞争。对市场竞争心有余悸,惟恐"落马";对致富无门路,思路不清;对村务、财务有隐情,不敢公开;对农民不提供生产、生活等方面的服务,反而要这要那,造成干群情绪对立。

6. 缺乏事业心 一是觉得自己是农民,虽说是村干部,可既不吃"皇粮"又不在级别,却管着上千人,就像风箱中的拉板——两头受气。任务完不成,上级批评;工作干不好,村民吵闹;家务顾不上,家人责怪,整天忙于应付,无心干事业。二是认为干群情绪对立,缺乏干事业的基础。近年农民实际收入减少,负担加重,对各种杂费收缴极为反感,因而产生了与村干部对着干的情绪。"推倒村委会,免征税和费","包产到了户,不要村干部",这些顺口溜正是一些地方干群对立的真实写照。三是认为制约因素多,干事业难,因而无所作为。

7. 文化素质低,年高能力弱 农村虽然进行过多次基层组织整顿,人员素质有较大提高,但村干部仍然存在着文化水平低、年龄高、工作能力弱的现象。有的人成了年高守旧、思维迟钝、想办事而无能力办事的"软"干部;有的人成了怕困难不思进取、一味地

"等、靠、要"、什么事也不愿干的"懒"干部;有的人工作上说一套做一套,玩数字游戏,办事捉迷藏,成了浮在水面的"油"干部;有的人斤斤计较个人得失,争名争利争权力,勾心斗角,互相拆台,成了窝里斗的"斗"干部。

8. 政治素质低,意志减退 村干部工作在第一线,处在矛盾的焦点上,在市场经济负面影响的冲击下,导致少数人思想滑坡。其表现为:一是理想信念动摇。一些村干部信奉"票子打天下","有钱能叫鬼推磨";信奉"人情重如山","朝中有人好做官";信奉经济实惠,认为理想信念不"足贵",在工作中不讲原则。二是宗旨观念淡薄。不给好处不办事,给了好处乱办事,慷集体之慨,中饱私囊,甚至权钱交易,以权谋私,贪赃枉法。三是政治觉悟低。有的干部拉帮结派,拨弄是非,吃吃喝喝;有的干部参与迷信活动,甚至成为黑社会势力中的一员。四是法制意识淡薄,不管法律允许与否,只要有利就干。

9. 理论素质低,嗅觉不灵敏 一些地方的村干部在职培训少,很少脱产学习,缺乏理论修养;一些村干部不读书、不看报、不看文件,学习党的方针政策不系统,缺乏政策素养;在工作中很少外出考察,很少探讨市场经济条件下的工作方法,形成老法不管用,新法不会用,缺乏创业精神;接触高科技少,没有听过科技报告,没有现代信息手段,没有重新学习的机会,没有一技之长,缺乏应有的业务素质。因此,村干部对农村经济成分、组织形式、利益分配和就业方式的变化等不能正确地认识,因而造成农村群体事件增多,经济发展缓慢。

(三)部分村干部素质偏低的原因

1. 农村工作难度大,开展工作难 具体表现在:一是"上面千条线,下面一根针",样样任务压农村。农村体制变革前,干部们一呼百应,实行家庭联产承包责任制后,实际上是大部分农村以分散

(二)加强农村基层党组织建设

增强农村基层党组织的凝聚力和战斗力,按照"三个代表"的要求,努力改进农村基层干部的思想和工作作风。着重要解决好以下几个方面的问题:

1. 增强群众观点,密切党群关系 在农村工作中,坚持群众观点,最重要的就是坚持全心全意为农民服务的观点,切实保障农民的利益,以提高农民的生活水平作为根本出发点,为增加农民收入、帮助农民致富、让农民多得实惠想办法、找门路。

2. 增强政策观念,提高政策水平,保证党的政策在农村的有效贯彻和执行 必须采取有力措施,教育和帮助农村基层干部熟悉和掌握党的农村政策,提高执行政策的自觉性,维护政策的严肃性。对那些对党的政策宣传不到位、执行不得力,甚至有令不行、有禁不止、各行其是的干部应撤一批、换一批、处理一批。对那些偏离和违背政策的做法及时予以纠正,并坚决予以查办。

3. 坚持实事求是,培养求真务实的作风 要教育农村基层干部始终坚持实事求是的思想路线,大力倡导求实精神,树立讲真话、办实事的良好风尚。在农村,部署任何工作都要从农村的实际出发,从当地的实际出发,从农民的利益出发,从农民的承受能力出发。深入实际,调查研究,要带着问题到农村去,和农民一起研究本地的资源状况和优势所在,寻求符合当地实际的经济发展的路子和增加农民收入的办法;要带着感情到农民中去,真诚了解农民的愿望、要求、意见和困难,真心实意地帮助他们解决实际问题,为他们排忧解难。

4. 增强法制观念,改进工作方法 要组织干部学习法律知识,提高依法办事的水平和能力,积极推进管理工作的法制化、规范化建设。

5. 坚持以经济建设为中心,增强带领群众发展经济的本领

要教育和帮助农村基层干部更加牢固地树立以经济建设为中心的思想,把力量凝聚到发展农村经济上来,把注意力集中到千方百计帮助农民增加收入上来。要帮助农村基层干部学习市场经济知识,树立市场观念,了解市场变化,把握市场规律,善于用政策和市场信息引导农民自主地调整农业结构。在发展经济时,既要充分考虑市场的需求,又要充分考虑当地的实际,发挥当地的优势;既要面向市场,又要因地制宜,从实际出发,不能盲目决策,不能代替农民决策。要坚持把服务放在首位,帮助农民解决生产经营中的实际困难。要督促干部学习农业技术,提高为农民服务的本领。

6. 加强党风廉政建设,切实落实党风廉政建设责任制 强化对领导干部的监督制约机制,遏制权力膨胀现象。特别是在财务管理上,要建立财务审计组织,建立对乡镇财务审计制度,及时纠正不合理的收支,切实落实财务公开制度和政务公开制度,真正做到"给群众一个明白,还干部一个清白"。

7. 切实改革干部制度 与轰轰烈烈的经济改革相比,现行的干部制度已明显滞后,由此带来的问题正在对改革形成制约。机构臃肿、人员膨胀是由现行的干部使用机制不合理所造成的。

首先,长期以来,我们的党政机关形成了干部只能上不能下,只能升不能降,一到年限就提拔,一遇机会就升迁的状况。历次机构改革只改机构,不改机制,所以始终没有走出越改越臃肿的怪圈。我国总人口与财政负担人口之比,20世纪50年代为600∶1,到70年代为155∶1,而今则是40∶1。这些人要养活,农民负担哪有不重之理。

其次,干部的考核机制不健全。我们考核一个干部的好坏主要是从"德、能、勤、绩"四个方面进行考核的。从内容上看,无可挑剔,但由于没有一个严格、具体、可行的考核标准,缺乏可操作性,要对一个干部进行全面、客观、公正的考核和评价是相当困难的。对"德、能、勤"的考核往往太空太软,对"绩"的考核又脱离实际,造

第五章 学会领导艺术,提高城郊村干部素质

成一些"政绩工程"、"形象工程"纷纷出笼,虚报浮夸、好大喜功的现象严重。

再次,现行的干部选拔办法缺乏民主性,造成了相当一批干部只唯上,不唯实的局面,以致迎合型、适应型的干部太多,开拓型、创新型的干部太少。最后,缺乏行之有效的监督制约机制,贪污腐化、行贿受贿、买官卖官、官僚主义等现象严重。如今,对干部的腐败问题,人们是宁信其有,不信其无。可见,提高干部素质,建立一支高素质的干部队伍,有赖于先进的干部选拔制度,有赖于建立一套以民主、科学为精髓,以公开、竞争为特征,以精简、高效为目标的干部用人机制。

第四,加大宣传和教育力度,让农民掌握起政策法律的武器,以维护自身的合法利益。随着改革开放的深入,经济的发展,农民素质有了很大的提高,农民通过广播、电视、报纸等形式了解信息的渠道也拓宽了。但是,从整体上看,农民的文化素质、法制观念,还不能适应时代和经济发展的需要。他们只知道埋头种田,对政策、法律的掌握还十分有限,还不善于运用政策、法律的武器,通过有效的方式和途径维护自身的合法权益,遇到不合理的负担,不公平的待遇,往往采取的是消极对抗、软磨硬拖、忍气吞声,甚至诉诸于拳头。为此,加大宣传、教育的力度,进一步拓宽信息渠道,创造新的行之有效的宣传、教育方式,最大限度、最快速度、不折不扣、原原本本地让农民通晓党的路线、方针、政策和国家的法律,尽快地掌握政策法律武器,以维护自身的合法权益,是摆在我们面前的一项艰巨任务。

(三)努力提高农村干部队伍的整体素质

当今和未来的国内外竞争是人才的竞争。党和政府应从巩固和加强农业的基础地位出发,高度重视农村干部素质教育,实施强化素质培训战略,提高村干部素质,促进农村经济的发展。

1. 强化培训,提高村干部的科学文化素质 知识经济对我国农业提出了挑战,强化培训村干部是促进农村经济乃至整个国民经济发展的迫切需要。首先是党和政府要高度重视,组成办事机构,拨出专款,保证强化培训工作的实施。其次是制定培训规划。近期以文化培训为主,辅之以技术培训。培训以提高素质为主题,以提高文化、科技水平和加强党性教育为主线。再次是强化党干校阵地。党干校有脱产培训村干部的设施,有远程教学网络手段,有胜任教学的师资队伍,有坚强的领导班子和管理人员,应使党干校成为村干部的摇篮。第四是强化培训,持证上岗。培训村干部年龄在45岁以下,初中以上文化程度的人和新配备的村干部必须限期达到高中文化水平;对村后备干部进行定期培训,使其达到高中或大专文化水平。在职村干部每年至少轮训一次更新知识,并持证上岗。第五是进行学历教育。使现有45岁以下初中以上文化程度的人达到中专文化水平,已具有高中文化程度的人达到大专以上文化程度。第六是长期培训。以生物、信息、新材料等科技知识为主要内容,使村干部应用现代科技服务于农业和农村经济发展。

2. 坚持思想政治教育,提高村干部的思想政治素质

(1) 切实加强基层党组织建设 "农民富不富,全靠党支部,班子强不强,关键在班长。"这是广大干部群众在实践中的共识。具体到一个村,即有一个好的支部书记就会带出一个好的班子,党支部在群众中就会有威望,就有凝聚力和战斗力。为此,加强基层党委的建设,提高党建的责任意识,充分认识抓基层党建的重要性。要认真学习中央和上级党委文件,吃透中央精神,进一步明确开展学习教育活动的重大意义,把思想统一到中央的重大决策上来。要牢固树立长期抓,反复抓的思想,切实把抓基层党的组织建设作为促进农村稳定和发展的一项根本政治任务,不断增强责任感和紧迫感。

第五章 学会领导艺术,提高城郊村干部素质

(2) 制度建设要到位 按照"少而精,要管用"的原则,进一步建立健全各项规章制度,着力抓好落实,切实把农村基层干部管理纳入制度化、规范化轨道。在抓党建工作中要下力抓乡、村两级制度建设,如廉政制度、民主生活制度、村务公开制度,规范干部的工作行为,使广大干部有章可循,有法可依,这样可以避免和减少违法施政、违章施政的现象发生,进一步促进党员干部的政治作风、思想作风、工作作风的转化。

(3) 强化党员队伍管理 提高农村基层干部的素质,必须立足于教育,落实到管理。管理出素质、出能力、出人才,也出凝聚力和战斗力。一要关心支持。就是要对基层干部多体谅、多帮助。农村基层干部处在农村工作第一线,肩负的任务重,面临的矛盾多,工作非常辛苦。各级党委、政府一定要满腔热情地关心、帮助和支持他们的工作。二要严格要求。就是要经常教育和引导广大农村基层干部用党的纪律和制度严格要求自己。对基层干部的管理教育要做到经常化,有了问题要及时指出,不能等出了事情再去处理。三要规范管理。发挥党员在经济建设中的先锋模范作用,目前,农村党员队伍年龄结构不合理,因为受党员年龄老化影响,党员的先锋模范作用、党员在群众心目中的地位也相应受到了影响。为此,发挥党员活动室的阵地作用,加强党的宗旨教育,教育老党员充分发挥余热,积极宣传党的路线、方针、政策。此外,积极做好党组织的发展工作,要注意培养回乡初中、高中毕业生,复员军人中的优秀人才,采取正面引导,重点培养,成熟一个,发展一个,为党的组织增添新鲜血液和新的活力。

(4) 发展壮大集体经济 集体经济是农村基层政权的经济基础。集体经济发展了,我们给百姓办实事,搞服务才会有财力,做群众思想工作才有多种途径,更重要的要因地制宜,充分发挥本地优势,变资源优势为经济优势,使村集体成为老百姓的坚强后盾,以提高基层组织的战斗力、号召力、向心力。因此,在农村深入开

展"三个代表"重要思想学习教育活动,把"三个代表"要求落实到农村干部素质中去,切实解决农村存在的突出问题,是我们对农村基层干部进行的马克思主义自我教育,也是在新的形势下加强和改进党对农村工作领导的一项重大举措。

第六章 积极采取有效措施,努力防止村官腐败

一、村官腐败,影响极坏

村干部来自于民,应当时刻牢记自己的职责是全心全意为全村的父老乡亲谋福利。绝大多数干部也确实能够做到这一点,全国每年都会涌现出大批为官清廉、带领群众脱贫致富的带头人。但大浪淘沙,极少数村干部在各种诱惑面前败下阵来,沦为千夫所指的腐败分子。据民政部官员透露,从目前的情况看,绝大多数的村干部能遵纪守法,贯彻党的方针政策,但极少数村干部的违法违纪现象确实比较严重。比如人生病不去求医问药,而是相信巫医,致死人命的事时有发生。在农村还有一些人生病不去医院,而是求"神"问"仙",请人"跳大神",结果大神来折腾了几天,不但病没治好,还会使病情恶化。比如人生病不去求医问药,而是相信巫医,致死人命的事时有发生。在农村还有一些人生病不去医院,而是求"神"问"仙",请人"跳大神",结果大神来折腾了几天,不但病没治好,还会使病情恶化。* 个别地方村干部违法违纪问题比较突出,严重侵害了农民利益,老百姓对此意见很大,在群众中造成极坏的影响。浙江省温州市柳市镇三里村,一个城市化进程中的"城中村",村集体资产几乎为零,然而,村干部却利用土地流转补偿金大肆铺张浪费,不仅给自己开工资,还借开会名义旅游,将村务会议开到了接待外国来宾及重要宾客的西湖国宾馆,花费高达

---

* 高明.《十部委赴八省调研村干部违法:有望修法加强监督》.新京报,2005-08-11

城郊村干部如何当好新农村建设带头人

43555.9元。据了解,一些贫困地区的村庄一年的财政支出也不过4万元。这件事引起了全国的关注,当地老百姓极为不满。

(一)村干部腐败行为发生的主要环节

1. 在村土地征用中,侵吞、挥霍土地补偿费和安置补偿费 特别是在城郊结合部和城镇化水平较高的地区,土地开发利用的机会较多,价格较高,城市郊区的村干部更容易利用手中的职权损公肥私,滋生腐败。在土地征用、补偿中,征用和补偿费国家都有明确的规定,但钱拨到村里后,多少发给农民?多少留给集体?怎么管理使用?相应的政策却没有明确规定,这就提供了村干部腐败的空间。2001年3月,武汉市某商务投资有限公司法人代表王某到某村考察项目,决定征地23.2公顷,用于停车场和生态农业开发。该村村干部周某明知这片土地很快将被国家征用,但在王某承诺付给他几十万元好处费的诱惑下,便违法签订了双方在"如果遇到国家重大项目征用土地,则按每667平方米10.8万元对新春村进行补偿,溢价部分由新春村与华海公司按2∶8比例分利"的圈地联营协议。不到1个月,武汉市土地贮备供应中心正式征用这片土地,补偿的价格为每667平方米14.8万元。根据圈地联营协议,新春村应向华海公司支付80%的溢价土地补偿金1115.8万元。为了及时从新春村得到这笔巨额土地补偿金,王某利用打牌、喝茶等方式,先后7次向周某行贿33万元。后来经法院审理查明,周某被汉阳区法院判处6年有期徒刑。这样的事件并非个别现象,浙江省仙居县东岭下村原村委会主任王荣伟,在5年时间里,将本应发给农民的43万元土地征用补偿款贪污后花费一空。

2. 在土地承包中利用职权谋取私利 "村官儿"利用职权,在土地流转发包中制造"腐败黑洞",肆意侵害农民利益,堵塞农民致富之路,使"爱地如命"、致力于奔小康的农民上访不断,疾呼不止:

第六章 积极采取有效措施,努力防止村官腐败

还我土地,惩治腐败,铲除"地老虎"!《半月谈》披露说,河北省定兴县西靳村是一个拥有4 709口人、耕地面积485公顷、人均分得责任田仅667平方米的纯农业村。村民几乎没有外来收入,主要靠土地营生。可是,原任的村干部却拿出全村1/4的土地127公顷划为"机动地",擅自违规进行发包,以每667平方米100元至200元的价格,发包给亲戚朋友和包括异地人在内的"关系户",说要钱就要钱,说不要就白种,除了承包款入帐的84公顷土地有下落以外,村里还有40公顷"黑地"不知去向。农民眼睁睁地看着肥沃的土地被那些"有钱有势"的人种上了树木,现在收回来损失太大,尤其是那22公顷土地,都是有"背景"的人承包。

3. 截流挪用扶贫、救灾救济、移民、扶植水利改造、退耕还林等国家专项补偿资金 在工程建设发包、企业和集体山林土地承包时收受贿赂;有的公款私存或转借他人以获取利息,或借给亲友使用;在集体资产处置如企业改制、资产转让等过程中非法占有集体资产等。

(二)村干部腐败的特点

1. 在村干部违法违纪案件中,"一把手"所占比重较大,串案、窝案较多 主要表现为有的是村"两委"班子成员集体作案,少数村干部合伙作案;有的是村与村之间的村干部合伙作案,村干部与国家工作人员合伙作案;有的是以村干部为主的家族成员合伙作案。2004年,山东省威海市纪委共受理反映村干部问题的信访612件,查处214件,查处违法违纪党员124名,占58%,其中涉及村支书、村主任34名,占查处党员的27%。

2. 在村干部违法违纪问题中,经济问题较为突出,作案手段复杂多样 其中贪污、挪用两项所占比重较大。涉案金额虽然不大,但涉及面广,危害大。

3. 村干部中的不正之风较为普遍,有的情节较为严重 近

年来,黑龙江省民政厅受理的群众来信来访,反映村干部作风不民主、违背民主决策程序的,占信访总量的 10% 左右。在广东省江门市新会区三联村,刘宏球有一句流传甚广的"名言":"在三联,我就是皇帝"。遇有重大事情,他基本上不与其他党支委和村委商量,独断专行,作风霸道。一些村干部借宗族势力,恃强凌弱,发展为横行乡里、鱼肉百姓的"村霸"。有的滥用职权,在土地转让、处理纠纷、审批宅基地和计划生育指标等工作中吃拿卡要,捞取好处;有的在换届选举中,违反有关法律法规,弄虚作假,采取不正当的手段竞争甚至贿选;有的村干部参与赌博、违反计划生育政策。

4. 经济发达地区村干部违法违纪高于欠发达地区 经济发达的城市郊区、城镇化水平比较高的地区村干部违法违纪比一般意义上的农村地区多。干部作风问题虽然也占一定比例,但不突出。而在经济欠发达地区或较封闭的贫困村,那些乱砍滥伐、作风霸道、赌博和违反计划生育政策等问题则相对集中。

5. 手段简单直接,却肆无忌惮 从整体来看,农村干部贪污腐败的手段不像其他领域那样狡猾,反侦查意识相对来讲比较弱,犯罪中智力因素参与较少。作案的手段往往采取收入不记账,重复支出,打白条支出,伪造单据等,直接对公款公物予以侵吞。但近年来也有手段越来越隐蔽的迹象。由于现在实行了村财乡管,农村干部经济犯罪作案的手段方式也发生了变化,常常表现为用合理的手续套取非法的收入。有的开假发票,有的变卖公共财物,变卖或发包农用耕地等,然后将变卖所得款项假以付工资的形式据为己有。

(三)村干部腐败行为的常用手段

1. 集体私分 就是以发补助、奖金的名义,将公款分发。

2. 直接侵吞 就是将收取的集体土地承包费、土地补偿费、宅基地款等集体收入,采取收入不入账的手段,直接落入个人腰

第六章 积极采取有效措施,努力防止村官腐败

包。某村村主任在收到施工补偿费后将 4.2 万元据为已有,用于个人开支,被判处有期徒刑。某村秘书高某,将村子卖盐款 11 000 元收入不记帐,7 000 元以他妻子的名字存入信用社,4 000 元用于个人生活开支。

3. 虚报冒领 就是借招待来客、"跑项目"向有关单位和个人送礼、购买抢险物资等事项为由,虚列、虚增开支,冒领公款归己。翻开一些村的账目,招待费单据可谓是五花八门,但是用正式发票的单据却很少。一些村干部利用这种不规范的"土发票"乱中获利。某村原支部书记王某,在任职期间,采取虚开饭费、烟酒费、重复报账,用公款为自己支付费用等手段非法占有村集体财产 21 747.15 元。

4. 挪用肥私 就是对有关单位支付给本村的土地征用补偿费、村集体收入等大笔资金,或公款私存、套取银行利息,或借给他人获取高额利息或其他非法利益,或挪归本人、亲友使用。某村党支部书记刘某先后两次用本村土方工程款支取 30 000 元,用于自己建房,挪用给朋友做生意。

二、防治腐败,意义重大

"村官"是农民致富奔小康的"带头人"、"领头雁",没有农村的小康,就没有全国的小康。村干部是廉洁还是腐败,直接关系到农村的政治方向和经济发展,关系到全社会的稳定和国家的政治安定。"村官"是生活在中国农村最基层的一个"官员"群体,"村官"甚至不是真正意义上的"官",但"村官"是最贴近老百姓的领导群体,"村官"的腐败将直接关系民心的向背。村干部腐败在农村造成的负面影响非常大。农村生活条件较为艰苦,村官有一点贪污,村民都会盯在眼里、反映强烈,有的甚至造成村民集体上访、越级上访,影响农村生产、生活秩序。

从城市到农村,从大官到小官,任何人搞腐败都在"打击"之列,不允许"逍遥法外"。因此,我们要把惩治"村官"的腐败行为作为新时期加强廉政建设的一个不可忽视的重要方面,切不可把农村视为"遗忘的角落"。村干部的腐败问题引起了中央领导的高度关注。国务院总理温家宝、副总理回良玉、中共中央书记处书记、中央纪委副书记何勇等中央领导先后批示,要求摸清目前的村干部违法违纪究竟有什么表现和类型,对农民造成了什么样的危害,并要求寻求解决的办法。为此,从2005年7月初开始,由中纪委、农业部等10个部门组成的村干部廉洁自律建设督察调研组,分头奔赴海南等八个省份,对目前群众反映较多、呼声较高的村干部违法违纪行为,进行为期近2个月的深入调研。目前,督查调研组对一些重点问题的探讨正在进行中,除了出台一些新政策完善制度外,最终将对《村民委员会组织法》、《刑法》、《刑事诉讼法》等三部法律进行补充和修改,增加对村干部违法违纪行为的认定、处罚等相关内容的硬性规定,从法律层面完善和加强对村干部的监督和管理。

作为基层领导干部,必须廉洁自律,时刻不忘记自己的职责,勤勤恳恳为人民群众谋利益。

三、村官腐败,原因多多

(一)没有真正实行村务公开和民主管理,缺乏有效的监督制约机制

对权力没有监督制约必然产生腐败。我国的《村民委员会组织法》明确规定,在农村实行村务公开和民主管理制度。如果这一制度落到了实处,肯定会大幅度减少村干部腐败现象的发生。但是,由于多种原因,这一制度没有得到很好的贯彻,是造成农村干

第六章 积极采取有效措施,努力防止村官腐败

部腐败问题存在的根本原因。农村财务管理混乱,财务监督形同虚设。制度如林,监督无人。特别是财务制度、审批制度和公开制度流于形式。有些村收支透明度差,引发群众不满;有的滥用权力,私自挪用巨额公款;有的滥施权力,支出随意性很大,什么可以开支,什么不可以开支,限额多少,没有明确规定。我国农村地区目前普遍实行了村级直选,但只选举了村民委员会主任,却没有一个相应的制衡机构。在缺乏有效监督的情况下,村干部极有可能将自己掌握的公共资源占为己有。村委会具有的一些自治管理的职能,如出售树木等集体财产、筹办村集体企业、建设农贸市场等,都可能成为村干部以权谋私的条件。这就为不法分子提供了可乘之机。

(二)村民的监督参与意识淡漠

家庭承包责任制取代集体生产经营制后,村民的集体生产行为变为单户生产行为,村民们四处奔波,整天忙于自己的生产生活事务,无法有效地组织起来集体监督村干部的日常工作。另外,很多村民认为村委会选举和自己无关,漠不关心。村民应是主要的监督主体,却并没有建立起相应的村务理财小组等工作机构。

(三)村干部素质低,缺乏责任感,法律意识淡漠

个别人政治素质低,为官动机不纯、法制观念淡薄,为利所动。担任村干部有的是为了光宗耀祖,有的是图个吃喝,有的是为了"盖几间房",有的则更加直接,就是"为了能多捞几个钱"……有的甚至认为,村集体的财物就是我的财物,我想怎么花就怎么花,想怎么拿就怎么拿。因而这些人担任村干部之后,天天在河边走,故意弄湿鞋。愈演愈烈的吃喝风为"村官"损公肥私创造了便利。一些村干部将其视为正常的财务支出科目,没有控制。个别人认为当上村干部就有权,"有权不使,过期作废",上任捞一把,捞完就走

城郊村干部如何当好新农村建设带头人

人。有些村干部一旦上台,吃喝贪占,虚报冒领,假公济私,中饱私囊,无所不能。有些急功近利,加重农民负担。也有个别"村官"心术不正,对上奉承拍马以博取领导信任,对下则借助地方流氓恶势力为其撑腰,造成群众极大反感。在违法犯罪的村干部中,多数仅为中小学文化,有的甚至还有严重的前科劣迹。

(四)村级财务管理不规范

由于村级组织很少有通过正规学习培训的财务专业人员,所以财务管理混乱是一个普遍现象。财务管理混乱和财务人员业务素质不高,使得财务这一关失去了控制,有的不该支付的钱支付了,不该截留的钱截留了,最后出现"糊涂账",自然会有人趁机钻空子。许多村委会财务管理有章不循,有法不依。有的村会计更换频繁,以种种理由不移交账目。有的各类账簿记载不详,债权债务混在一起。有的村甚至多年没有建帐,有些村委会财务管理人员分散,每名村干部一人一本账可以自行开支,甚至书记、村主任、会计手中每人放着一大把条子,进多少钱,花多少钱,征收多少钱,上缴多少钱,糊里糊涂,全凭感觉。到年底统一凭据入账核销,会计、出纳形同虚设。有些村干部甚至村里钱和个人的钱放在了一起。大量白条入账,真假难辨。这些白条一般都有经手人、批准人签名,从表面上看,没有任何疑义。堆账、白条子下账、假票据入账、审批手续随意等,致使财务管理无透明度,民主理财流于形式。

四、实行村务公开是防止村官腐败的杀手锏

根据《村民委员会组织法》的规定,村民委员会必须实行村务公开制度。村务公开就是将涉及村民切身利益和财务管理的重大事项定期向全体村民公布,以体现民主管理的精神,将村委会的工作置于群众的监督之下。《村民委员会组织法》施行以来,全国农

第六章 积极采取有效措施,努力防止村官腐败

村普遍实行了村务公开和民主管理制度,为促进农村改革、发展和稳定发挥了重要作用。党的"十六大"提出,"健全基层自治组织和民主管理制度,完善公开办事制度,保证人民群众依法直接行使民主权利,管理基层公共事务和公益事业,对干部实行民主监督"。为进一步推进村务公开制度的落实,中共中央办公厅、国务院办公厅于2004年6月22日发布了《关于健全和完善村务公开和民主管理制度的意见》,就村务公开和民主管理的有关问题进一步作出了系统的规定,这是指导我们开展村务公开工作的指导性文件。

(一)充分认识进一步做好村务公开和民主管理工作的重大意义

实行村务公开和民主管理,是促进农村党风廉政建设,密切党群干群关系的有效途径,是有效遏制村干部腐败的杀手锏。近年来,全国各地推行村务公开和民主管理取得了积极成果。但我们也应清醒地看到,一些地方在村务公开和民主管理中还存在着重形式、轻实效,制度不健全、决策不民主等问题。在一定程度上影响了农村经济和社会的发展,影响了农村反腐败斗争的开展。必须进一步健全和完善村务公开和民主管理制度,扎实推进村务公开和民主管理工作。

(二)进一步健全村务公开制度,保障农民群众的知情权

1. 完善村务公开的内容 国家有关法律法规和政策明确要求公开的事项,如计划生育政策落实、救灾救济款物发放、宅基地使用、村集体经济所得收益使用、村干部报酬等,应继续坚持公开。要继续把财务公开作为村务公开的重点,所有收支必须逐项逐笔公布明细账目,让群众了解、监督村集体资产和财务收支情况。同时,要根据农村改革发展的新形势、新情况,及时丰富和拓展村务公开内容。当前,要将土地征用补偿及分配、农村机动地和"四荒

地"发包、村集体债权债务、税费改革和农业税减免政策、村内"一事一议"筹资筹劳、新型农村合作医疗、种粮直接补贴、退耕还林还草款物兑现,以及国家其他补贴农民、资助村集体的政策落实情况,及时纳入村务公开的内容。农民群众要求公开的其他事项,也应公开。

2. 规范村务公开的形式、时间和基本程序 各地农村应坚持实际、实用、实效的原则,在便于群众观看的地方设立固定的村务公开栏,同时还可以通过广播、电视、网络、"明白纸"、民主听证会等其他有效形式公开。一般的村务事项至少每季度公开一次,涉及农民利益的重大问题以及群众关心的事项要及时公开。集体财务往来较多的村,财务收支情况应每月公布一次。要推进村务事项从办理结果的公开,向事前、事中、事后全过程公开延伸。要充分利用现代科学技术,不断创新村务公开的有效形式和手段。村务公开的基本程序是:村民委员会根据本村的实际情况,依照法规和政策的有关要求提出公开的具体方案;村务公开监督小组对方案进行审查、补充、完善后,提交村党组织和村民委员会联席会议讨论确定;村民委员会通过村务公开栏等形式及时公布。

3. 设立村务公开监督小组 村务公开监督小组成员经村民会议或村民代表会议在村民代表中推选产生,负责监督村务公开制度的落实。村干部及其配偶、直系亲属不得担任村务公开监督小组成员。村务公开监督小组及其成员应当热爱集体,公道正派,有一定的议事能力,其中应有具备财会知识的成员。村务公开监督小组要依法履行职责,认真审查村务公开各项内容是否全面、真实,公开时间是否及时,公开形式是否科学,公开程序是否规范,并及时向村民会议或村民代表会议报告监督情况。对不履行职责的成员,村民会议或村民代表会议有权罢免其资格。

4. 听取和处理群众意见 群众对公布的内容有疑问的,可以口头或书面形式向村务公开监督小组投诉,村务公开监督小组对

第六章 积极采取有效措施，努力防止村官腐败

群众反映的问题应当及时进行调查，确有内容遗漏或者不真实的，应督促村民委员会重新公布；也可以直接向村党组织、村民委员会询问，村民委员会应限期予以解释和答复。村民委员会要对村务公开资料进行整理归档并妥善保管。

(三)进一步规范民主决策机制，保障农民群众的决策权

1. 推进村级事务民主决策 凡是与农民群众切身利益密切相关的事项，如村集体的土地承包和租赁、集体企业改制、集体举债、集体资产处置、村干部报酬、村公益事业的经费筹集方案和建设承包方案等，都要实行民主决策，不能由个人或少数人决定。集体经济已实行股份制或股份合作制改革的村，要按照改革后的有关要求进行民主决策和民主监督。村级民主决策的事项要符合党的方针政策和国家法律法规，不得有侵犯村民人身权利、民主权利和合法财产权利的内容。

2. 明确村级民主决策的形式 村级民主决策的基本组织形式是村民会议和村民代表会议。召开村民会议，应当有本村18周岁以上村民的过半数参加，或者有本村2/3以上的户的代表参加，所作决定应当经到会人员的过半数通过。涉及农村土地承包、调整等重大事项，应依照《中华人民共和国农村土地承包法》等相关法律法规进行民主决策。村民代表会议讨论决定村民会议授权的事项。村民代表由村民依法推选产生，妇女代表要占一定比例。要完善村民会议和村民代表会议议事规则，建立健全村民代表联系户制度，确保村民代表真正代表民意。认真研究和探索村庄撤并、外出务工经商人员不断增多情况下村级民主决策的有效形式。

3. 规范村级民主决策的程序 涉及村民利益的事项，原则上要遵循以下决策程序：由村党组织、村民委员会、村集体经济组织、1/10以上村民联名或1/5以上村民代表联名提出议案；由村党组织统一受理议案，并召集村党组织和村民委员会联席会议，研究提

· 137 ·

出具体意见或建议;由村民委员会召集村民会议或村民代表会议讨论决定;由村党组织、村民委员会组织实施村民民主决策事项的办理。对提交村民会议或村民代表会议讨论决定的事项,会前要向村民或村民代表公告,广泛征求意见;会后要及时公布表决结果;对决定事项的实施情况,要及时公布,自觉接受群众监督。涉及村民利益的重大事项,必须按照决策程序提请村民会议或村民代表会议讨论决定。

4. 建立决策责任追究制度 除发生自然灾害等紧急情况外,村民会议或村民代表会议依法形成的决议不得随意更改,如因情况发生变化确需更改的,要通过村民会议或村民代表会议讨论决定。村民会议或村民代表会议讨论决定的事项,要形成书面记录并妥善保存。未经村民会议或村民代表会议讨论决定,任何组织或个人擅自以集体名义借贷,变更与处置村集体的土地、企业、设备、设施等,均为无效,村民有权拒绝,造成的损失由责任人承担,构成违纪的给予党纪政纪处分,涉嫌犯罪的移交司法机关依法处理。

(四)进一步完善民主管理制度,保障农民群众的参与权

1. 推进村级事务民主管理 村党组织、村民委员会要依据党的方针政策和国家的法律法规,组织全体村民结合实际讨论制定和完善村民自治章程、村规民约、村民会议和村民代表会议议事规则、财务管理制度等,明确规定村干部的职责、村民的权利和义务,村级各类组织的职责、工作程序及相互关系,明确提出对经济管理、社会治安、移风易俗、计划生育等方面的要求。用制度规范村干部和村民行为,增强村民自我管理、自我教育、自我服务的能力,增强干部群众的法制观念和依法办事能力。

2. 建立村民委员会换届后的工作移交制度 村民委员会换届工作结束后,原村民委员会应将公章、办公场所、办公用具、集体

第六章 积极采取有效措施，努力防止村官腐败

财务账目、固定资产、工作档案、债权债务及其他遗留问题等，及时移交给新一届村民委员会。移交工作由乡级人民政府负责主持。对拒绝移交或无故拖延移交的，村党组织、乡级党委和政府应给予批评教育，督促其加以改正。移交过程中发现有重大问题的，村干部和村民可以向乡级人民政府或者纪检监察机关、人民法院、人民检察院等有关机关反映，受理单位应及时依法处理。

3. 加强村民民主理财制度建设 村民民主理财由村民民主理财小组代表村民进行，民主理财小组成员由村民会议或村民代表会议从村务公开监督小组成员中推选产生。民主理财小组向村民会议或村民代表会议负责并报告工作。民主理财小组负责对本村集体财务活动进行民主监督，参与制定本村集体的财务计划和各项财务管理制度，有权检查、审核财务账目及相关的经济活动事项，有权否决不合理开支。当事人对否决有异议的，可提交村民会议或村民代表会议讨论决定。村民有权对本村集体的财务账目提出质疑，有权委托民主理财小组查阅、审核财务账目，有权要求有关当事人对财务问题作出解释。对群众反映财务问题较多的村，县、乡党委和政府及有关部门要帮助其搞好财务清理整顿工作，解决存在的问题，建立健全财务管理和民主理财制度。制定和完善集体资产监管办法，防止集体资产流失，确保村集体资产保值、增值。

4. 规范农村集体财务收支审批程序 财务事项发生时，经手人必须取得有效的原始凭证，注明用途并签字（盖章），交民主理财小组集体审核。审核同意后，由民主理财小组组长签字（盖章），报经村党组织、村民委员会负责人审批同意并签字（盖章），由会计人员审核记账。经民主理财小组审核确定为不合理财务开支的事项，有关支出由责任人承担。财务流程完成后，要按照财务公开程序进行公开，接受群众监督。乡级人民政府及业务主管部门要对村级财务活动加强指导和监督。

(五)进一步强化村务管理的监督制约机制,保障农民群众的监督权

1. 加强对农村集体财务的审计监督 (详细内容参见本章"五、认真做好村干部任期和离任经济责任审计工作")

2. 推行民主评议村干部工作制度 民主评议对象为村党组织班子成员、村民委员会班子成员、村集体经济组织班子成员、村民小组长以及享受由村民或集体承担误工补贴(工资)的其他村务管理人员。民主评议由乡级党委、政府具体组织,通过村民会议、村民代表会议或与村民座谈等形式进行。民主评议一般每年进行一次,要把群众满意与否作为衡量村干部是否合格的标准,评议结果要与村干部的使用和补贴(工资)标准直接挂钩。对连续两次被评为不合格的村干部,是村党组织成员的,按党内有关规定处理;是村民委员会班子成员或村集体经济组织班子成员的,应责令其辞职,不辞职的应启动罢免程序;其他村务管理人员,由村民委员会召开村民会议或村民代表会议作出处理决定。

3. 建立和完善村干部的激励约束制度 要大力宣传、鼓励和表彰积极推行村务公开和民主管理的干部,切实维护和保障村干部的合法权益。对在村级重大事务决策和管理中违反程序,独断专行,以及因工作失误造成重大损失,或村务公开不及时、不全面、弄虚作假、侵犯农民民主权利的干部,村民会议或村民代表会议有权提出批评并要求限期改正;对拒不改正的,是村党组织班子成员的,按党内有关规定给予相应的党纪处分,是村民委员会班子成员的,依法予以罢免。

(六)进一步加强对村务公开和民主管理工作的领导

1. 明确县、乡党委和政府的责任 健全和完善村务公开和民主管理制度,县、乡党委和政府是关键。要建立党政领导责任制,

第六章 积极采取有效措施,努力防止村官腐败

把村务公开和民主管理作为基层干部政绩考核的重要内容,并不断完善考核评价办法。要加大督促检查力度,及时受理群众来信、来访和申诉,及时化解社会矛盾,维护农村稳定。要加大培训力度,加强对新任村组干部、农村财会人员、民主理财小组成员和村民代表的培训,提高他们的政策水平和依法办事能力,使他们善于用说服的方法、示范的方法、服务的方法推动农村工作。要切实加强农村精神文明建设和思想政治工作。积极引导农民群众参与村务公开和民主管理的实践活动,在实践中学会正确行使民主权利。坚决制止利用宗教、宗族、家族势力干预基层经济社会事务管理的行为。

2. 充分发挥农村基层党组织的领导核心作用 要健全村党组织领导的充满活力的村民自治机制,把坚持党的领导、充分发扬民主、切实依法办事有机统一于农村社会主义民主实践之中。村党组织要领导和支持农民群众依法参与村级事务管理,监督村务公开和民主管理制度的落实,及时听取群众的意见,不断完善制度、改进工作。农村党员特别是党员干部要发挥先锋模范作用,尊重农民群众的民主权利,带头执行村务公开和民主管理制度。村民委员会、村集体经济组织和其他村级组织要在村党组织领导下,团结广大农民群众,齐心协力做好村务公开和民主管理工作,促进农村各项事业的全面发展。

五、认真做好村干部任期和离任经济责任审计工作

为进一步加强农村党风廉政建设和农村基层组织建设,维护农村集体经济组织和农民的利益,农业部、监察部、国务院纠风办于2005年7月1日联合发布了《关于做好村干部任期和离任经济责任专项审计的通知》,要求做好村干部任期和离任经济责任专项审计工作。

(一)充分认识开展村干部任期和离任经济责任专项审计的重要性

村干部任期和离任经济责任审计是新时期党中央、国务院赋予农村经营管理部门的一项重要任务和职责。中共中央办公厅中办发17号文件明确要求:"加强对农村集体财务的审计监督。县、乡两级农村集体资产和财务管理指导部门,要切实组织好对农村集体财务的审计监督工作","村干部任期届满或离任时必须审计"。开展村干部任期和离任经济责任审计是农村基层干部监督管理工作的一个重要环节,是加强党风廉政建设的重要措施。做好这项工作,有利于促进农民群众选出作风正派、廉洁公正、为农民办实事的村干部,有利于强化村级财务管理的监督约束机制,有利于进一步健全和完善村务公开和民主管理制度,促进以税费改革为主要内容的农村综合改革工作。各级农村经营管理部门和监察机关、纠风办要从加强党的执政能力建设、构建社会主义和谐社会的高度,从民主执政、依法执政的高度,加强对这项工作的指导,认真开展和做好村干部任期和离任经济责任专项审计工作。

(二)审计的对象和重点

村干部任期和离任经济责任审计的主要对象是行使村集体及村民委员会财务审批权和参与村级经济活动决策的村委会成员。对当年即将进行村民委员会换届的村要进行离任审计,对已完成换届选举的村要开展年度经济责任审计。审计重点主要包括以下几个方面:

1. 农村经济责任目标完成情况 主要审计:任期内农民人均纯收入等经济指标是否增长;农村基础设施建设是否完成;村级集体资产是否增值和债务是否下降;财务管理、资产管理和民主理财等内部控制制度是否健全等。

第六章 积极采取有效措施,努力防止村官腐败

2. 财经法纪执行情况 主要审计:各项收入是否及时、足额入账,有无侵占、挪用、私分集体资金和私设"账外账"或"小金库"等问题;是否存在通过虚增债权的手段来虚增收入以及将收入或非法收入挂在往来账上虚增债务等问题;有无滥用职权侵占、挪用、平调集体资产和长期占用集体资金的问题;是否存在未按民主程序,私下交易变卖土地等问题。

3. 农民群众关注的热点问题

(1)集体资产处置 主要审计:村集体企业改制、"撤村建居"和并村过程中集体资产的处置情况,有无非法转让、转卖和侵吞集体资产的行为等。

(2)债权、债务管理 主要审计:村里举债是否经村民代表大会讨论,按规定的审批程序办理;是否存在以兴办公益事业为由擅自高息借款;是否擅自为企业贷款提供担保、抵押,导致新增债务;有无借债进行达标升级活动等情况。

(3)土地发包、承包 主要审计:"四荒"等资源型资产的发包是否采取招标、拍卖、租赁、参股和公开协商等方式,是否签订规范的承包合同;村级基建工程建设是否公开招标,有无"人情"承包和"以权"承包等。

(4)专项资金管理 主要审计:上级划拨或接受社会捐赠的资金和物资的管理、使用情况;土地补偿费管理、使用情况;农村合作医疗资金的管理、使用情况;粮食直补资金的发放情况等。

(5)财务公开 主要审计财务公开是否全面、真实、及时、规范;村内"一事一议"筹资筹劳的程序是否规范,资金收取是否超标准、超范围以及资金的使用情况等。

同时,各地要根据实际情况,对当地党委、政府和农民群众要求审计的其他热点问题进行审计。

城郊村干部如何当好新农村建设带头人

(三)切实抓好村干部任期和离任经济责任专项审计

各级农村经营管理部门和监察机关、纠风办要在当地党委、政府的领导下,具体负责审计工作。农村经营管理部门在对村干部进行审计和确定经济责任时,要坚持实事求是,客观公正的原则,既要找准问题,又要肯定成绩,分清前任与现任、个人与集体、失误与舞弊等责任的界限。在提出处理建议和审计决定时,要广泛听取群众意见,既不能放纵违纪违法行为,又不能脱离实际情况单纯找问题,挫伤干部的积极性。在审计中查出党政机关干部和村干部侵占集体资产和资金,铺张浪费等给集体造成损失的,要责令其如数退赔和赔偿,并由纪检监察机关给予有关责任人党纪、政纪处分;涉嫌犯罪的,应当移交司法机关依法追究当事人的法律责任。审计结束后,审计结果要向全体村民公开。

村干部任期和离任经济责任审计是一项经常性的重要工作,各级农村经营管理部门和监察机关、纠风办要充分发挥职能作用,加大监督检查和工作指导的力度。要结合本地区的实际情况,明确责任,加强部门之间的协调,逐步实现农村干部任期和离任经济责任审计工作的制度化、规范化和法制化,为农村经济的发展和社会稳定作出积极的贡献。

六、典型经验介绍

(一)村干部述廉评廉制度

这是浙江省台州市三门县创造的一项经验。乡(镇)党委每年年底或年初组织"村官"述廉一次,述廉内容包括有无收受、索取钱物,有无挥霍浪费,有无挪用村级集体资金,有无公款私用等群众关心的8个方面内容。述廉前,村干部把征询、收集到的意见、建

第六章 积极采取有效措施,努力防止村官腐败

议写入述廉报告,在村务公开栏上公示,接受群众的监督。述廉后,接受由村级党员、村民小组长、人大代表及驻村干部等人组成的评议小组书面测评,评议结果由乡(镇)纪委负责审核汇总后,存入个人廉政档案。实施村干部廉政谈话制度。由乡(镇)纪委书记负责与村党支部、村委会成员谈话。每次谈话后,由被谈话人当场在谈话记录上签名,并承诺廉洁办事。建立村干部个人廉政档案。内容主要包括村干部廉政谈话记录、个人重大事项报告、廉洁承诺书以及违纪记录等,进行动态管理,随时掌握"村官"廉情。乡(镇)纪委每年依照"村官"年度述廉评廉、联查联审结果和廉政档案记录等,召开"村官"廉洁评审会,综合确定"村官"廉洁程度,分为优秀、称职、不称职三个等次,作为"村官"任职、罢免、奖惩的重要依据之一。对在综合评定中反映出来的问题,视不同情况,由乡(镇)纪委对其作出批评教育、黄牌警告、廉政谈话、停职反省、党纪处分直至移送司法机关等处理。对于非党"村官",则采取签订廉政合同、诫免谈话、通报批评、曝光亮丑等措施,违法情节严重者移送司法机关处理。对群众评议较差的村党支部、村委会,及时寻找、剖析根源,责令限期整改,问题严重或整改无望的果断采取组织措施。去年14个乡(镇)的1800余人次"村官"进行了述廉,有26名被诫勉谈话教育,调整了5个村党支部成员,有效地制约了"村官"不廉洁行为的发生。

(二)民主议政日制度

民主议政日制度,是河北省农民在深入推进村务公开民主管理实践中的一个创造。一般每年举行两次(廊坊市四次),活动时间由各市统一确定。参加人员为村两委成员、全体党员、村民代表、村民可自愿参加。活动程序是,分别听取村干部工作报告,群众提出质询、意见和建议,市、县、乡三级干部全部到联系点、责任村,现场指导帮助。实践中,不断规范民主议政日的时间、参加人

城郊村干部如何当好新农村建设带头人

员、议政内容、活动程序和组织领导。目前,85%以上的村较好地坚持了这项制度。

(三)民主理财制度

北京市房山区金鸡台村是全国的文明村,村委会干部常说:"在我们村没有藏着掖着的事,不怕老百姓找我们,我们敞开'大门'欢迎村民监督,这种监督对干部、对集体都有益处。"结合推进民主制度建设,1996年,村里成立了"两组一会",一组是有17人组成的民主理财小组,另一组就是有5人组成的集体经济审计小组;"一会"就是有12人组成的村级事务监事会,这"两组一会",把村民关注的敏感问题都辐射到了。所以,村民们称其是金鸡台村的"小纪委"。

在民主理财方面,村书记、主任不管钱和账,村财务的日常开支由一名支委负责审批,一年一换。并规定500元以上的开支,由村"两委"会研究同意,重大开支和投资项目,必须经村民议事会讨论,交村民代表大会表决通过。村里每报一张票据,必须经具体经办人、批准人、村主管财务的支委和民主理财小组长签字,方可入账。民主理财小组每季度对村里的收支情况都要进行一次全面的检查和审核。每季度财务经民主理财小组审批后方可公开。除了用公开栏、公开墙向村民公开外,还考虑到村子大、居住分散的特点,民主理财小组的同志通过闭路电视向每家每户公布村财务收支情况。村里有50多个煤矿,村外还有几个企业,为了保证集体资产不流失,把钱用到刀刃上,5人审计小组每个季度对每个煤矿、及其他企业经营情况,财务收支情况,都要进行一次认真的审计,并向村民代表大会报告审计情况。党总支、村委会还对审计小组的同志提出了严格的要求:凡审计中不认真、不属实、甚至弄虚作假的,不仅要开除出审计小组,而且要给予经济处罚;履行职责好的,给集体经济挽回损失的给予重奖。从而使审计小组的每一

第六章 积极采取有效措施,努力防止村官腐败

个同志,既感到村"两委"的信任,又感到身上的责任重大,在审计过程中严肃认真,一丝不苟,使煤矿矿长、企业经理们不敢搞半点"猫腻"。

村级事务监事会,一是负责对村民代表大会讨论通过的各项落实情况进行监督,二是对干部履行职责、廉洁自律进行监督。在党总支的领导下,每半年对村干部德、能、勤、绩、廉五方面进行民主评议,村民代表和党员参加民主评议。在评议前,每个干部都要述职,并接受评议人的质询,每一次评议都要分出优秀、合格、基本合格、不合格四个等次。对评议为基本合格的,村书记、主任一起找谈话,敲警钟;民主评议两次不合格的,自己写辞职报告。监事会来实的,动真的,使干部自觉地严格要求自己,认真履行职责,近四年来,村干部优秀率和合格率达到98%。

(四)制定村干部廉洁自律三个"十条规定"

2004年以来,北京市通州区委、区政府对村级干部提出了廉洁自律、规范从政的十条纪律,其主要内容是:不准以各种名目非法占有、侵吞、窃取、骗取集体财物或私自占用公款、公物从事营利活动、非法活动;不准违反财经纪律将应由本人或亲属个人支付的费用,由村集体或其他单位支付、报销;不准公款私存、私借;不准擅自挪用救灾、优抚、扶贫、移民、救济、防疫补偿等款物;不准用公款相互宴请、吃请;不准接受可能影响公正履行职责的宴请;不准索取、收受管理、服务对象的礼金、礼品、有价证券和各种支付凭证;不准超越村集体负担财力配备和使用高档小汽车,购置汽车必须报镇(乡)人民政府审批;不准以任何理由借用、占用下属企业或其他单位的车辆;不准用公款支付学习驾驶技术的费用;不准擅自用公款配备、使用通信工具,通信费用支出必须符合镇(乡)有关规定;不准用公款购买私人住房和个人商业保险;不准参与任何形式的赌博和封建迷信活动;不准利用职务上的便利大操大办婚丧喜

庆事宜,甚至借机敛财或侵犯集体、村民的利益;不准违反镇(乡)党委、政府的规定,擅自提高和发放各种形式的报酬;不准未经批准兼任企业领导职务,经批准的不准领取双重报酬或多头收入;不准擅自决定集体资产的处置、投资建设、土地征用和出让,以及涉及群众切身利益的事宜;不准违反有关法律规定及程序强行征占农民土地,侵占农民的合法利益;不准利用职务之便为配偶、子女经商办企业提供便利条件;不准违反有关工程招投标的规定,擅自安排亲属承担集体建设工程;不准未经民主推荐或民主选举,擅自安排亲属担任村级领导职务和财务管理等重要岗位工作。通州区在明确规章制度的前提下进一步建立和强化群众监督机制。在各村设立"书记信箱",建立信息反馈栏,及时将群众对村干部的意见和建议反映到党委。在各村建立"公示角",设立政策公开栏、村务公开栏、财务公开栏,及时将有关情况进行公开。由于结合实际采取多种措施狠抓落实,从而在全区农村上下形成了廉政勤政的良好氛围,取得了明显成效。

(五)村级民主"听证会"制度

这是浙江省玉环县创造的一项制度。村级民主"听证会"是有别于党员大会、村民会议、村民代表大会的一种新的探索。其基本含义是:在村党支部的领导下,召开会议,通报情况,提案质询,释疑论证,让广大党员、村民与村两委进行民主对话,更好地行使民主决策、民主管理、民主监督的权利,进一步推进农村基层组织建设和民主政治建设。主要做法和特点是:

1. 内容丰富,程序规范 在大量调查研究的基础上,县委组织部和县民政局联合下发了《关于实施村级民主"听证会"制度的通知》,对村级民主"听证会"的内容、程序、时间及参加对象等作了统一规定。村级民主"听证会"每年至少召开一次,一般安排年初、年中或年终进行,参加对象为本村18周岁以上党员和村民。由村

第六章 积极采取有效措施,努力防止村官腐败

党支部主持召开,通报村党支部、村委会工作和村级财务收支情况,村两委成员接受党员和村民的质询,并当场解答党员和村民提出的各类问题。对党员和村民提出的提案、意见和建议,能当场解决的立即解决。村级民主"听证会"制度严格按照《中国共产党农村基层组织工作条例》和《中华人民共和国村民委员会组织法》等有关规定操作。

2. 乡村联动,周密准备 由乡(镇)联片领导和驻村干部帮助做好村党支部、村委会工作报告及财务收支情况报告等各项会前准备工作,并以一定形式向村民公布,会前还利用广播、宣传窗等多种形式进行大力宣传。为了使村级民主"听证会"制度讲求实效,防止搞形式、走过场,各村在"听证会"召开前都作了认真的准备工作。包括召开村两委会议,总结工作,分析问题,研究下阶段计划,将村党支部、村委会和村财务收支情况报告交给党员和村民征求意见;在"听证会"前5天,将党务、村务和财务收支情况在公开栏上公布,并以党员责任区或村民小组为单位,分发书面提案表,要求10人联名,一事一议,在"听证会"前2天提交村两委,由村两委梳理,并形成回复意见。"听证会"后,各村召开村两委班子会议,认真梳理党员和村民的提案、意见和建议,研究落实,涉及党务、村务重大事项及时提交党员大会、村民代表会议或村民会议讨论决定,并在一个月内予以反馈和公示。所有提案、意见和建议收集建档,并由乡(镇)党委政府备案。乡(镇)党委政府指定专人进行调查核实,对档案不实或村两委解决不力、搞应付的,督促限期整改并向广大党员和村民通报。同时,要求下次村级民主"听证会"对上次"听证会"上提案、意见和建议的答复落实情况进行通报,使村级民主"听证会"制度能前后衔接、环环紧扣,有效地形成回路。

3. 强化领导、整体推进 县委专门成立了县委书记为组长,县委常委组织部长、县人大副主任、副县长为副组长的推进农村基

层组织建设改革领导小组,各乡(镇)也建立了以党委书记为组长的领导小组,加强对实施村级民主"听证会"制度的领导。村级民主"听证会"首先在楚门镇筊岗村召开,继而各乡(镇)党委均确定一个试点村,在总结试点经验的基础上,全县面上推开,形成强劲态势。截止2004年底,全县共有276个村召开了村级民主"听证会",参加人数达12万人次以上,解决了1 500多个问题。

金盾版图书，科学实用，
通俗易懂，物美价廉，欢迎选购

书名	价格	书名	价格
优良牧草及栽培技术	7.50元	术	5.00元
菊苣鲁梅克斯籽粒苋栽培技术	5.50元	配合饲料质量控制与鉴别	11.50元
北方干旱地区牧草栽培与利用	8.50元	中草药饲料添加剂的配制与应用	14.00元
牧草种子生产技术	7.00元	畜禽营养与标准化饲养	55.00元
牧草良种引种指导	13.50元	家畜人工授精技术	5.00元
退耕还草技术指南	9.00元	畜禽养殖场消毒指南	8.50元
草坪绿地实用技术指南	24.00元	现代中国养猪	98.00元
草坪病虫害识别与防治	7.50元	科学养猪指南(修订版)	23.00元
草坪病虫害诊断与防治原色图谱	17.00元	简明科学养猪手册	7.00元
		科学养猪(修订版)	14.00元
实用高效种草养畜技术	7.00元	家庭科学养猪(修订版)	5.50元
饲料作物高产栽培	4.50元	怎样提高养猪效益	9.00元
饲料青贮技术	3.00元	快速养猪法(第四次修订版)	6.50元
青贮饲料的调制与利用	4.00元		
农作物秸秆饲料加工与应用(修订版)	14.00元	猪无公害高效养殖	10.00元
		猪高效养殖教材	4.00元
中小型饲料厂生产加工配套技术	5.50元	猪标准化生产技术	7.00元
		猪饲养员培训教材	9.00元
秸秆饲料加工与应用技术	5.00元	猪配种员培训教材	9.00元
		猪人工授精技术100题	6.00元
草产品加工技术	10.50元	塑料暖棚养猪技术	8.00元
饲料添加剂的配制及应用	8.00元	猪良种引种指导	7.50元
饲料作物良种引种指导	4.50元	瘦肉型猪饲养技术(修订版)	6.00元
饲料作物栽培与利用	8.00元		
菌糠饲料生产及使用技		猪饲料科学配制与应用	9.00元

书名	价格	书名	价格
中国香猪养殖实用技术	5.00元	猪细小病毒病及其防制	6.50元
肥育猪科学饲养技术(修订版)	10.00元	猪传染性腹泻及其防制	8.00元
		猪圆环病毒病及其防治	6.50元
小猪科学饲养技术(修订版)	7.00元	猪附红细胞体病及其防治	5.00元
母猪科学饲养技术	6.50元	猪伪狂犬病及其防制	9.00元
猪饲料配方700例(修订版)	9.00元	图说猪高热病及其防治	10.00元
猪瘟及其防制	7.00元	实用畜禽阉割术(修订版)	8.00元
猪病防治手册(第三次修订版)	13.00元	新编兽医手册(修订版)(精装)	37.00元
猪病诊断与防治原色图谱	17.50元	兽医临床工作手册	42.00元
养猪场猪病防治(修订版)	12.00元	畜禽药物手册(第三次修订版)	53.00元
养猪场猪病防治(第二次修订版)	17.00元	兽医药物临床配伍与禁忌	22.00元
猪繁殖障碍病防治技术(修订版)	7.00元	畜禽传染病免疫手册	9.50元
		畜禽疾病处方指南	53.00元
猪病针灸疗法	3.50元	禽流感及其防制	4.50元
猪病中西医结合治疗	12.00元	畜禽结核病及其防制	8.00元
猪病鉴别诊断与防治	9.50元	养禽防控高致病性禽流感100问	3.00元
断奶仔猪呼吸道综合征及其防制	5.50元	人群防控高致病性禽流感100问	3.00元
仔猪疾病防治	9.00元	畜禽营养代谢病防治	7.00元
养猪防疫消毒实用技术	6.00元	畜禽病经效土偏方	8.50元
猪链球菌病及其防治	6.00元	中兽医验方妙用	8.00元

以上图书由全国各地新华书店经销。凡向本社邮购图书或音像制品,可通过邮局汇款,在汇单"附言"栏填写所购书目,邮购图书均可享受9折优惠。购书30元(按打折后实款计算)以上的免收邮挂费,购书不足30元的按邮局资费标准收取3元挂号费,邮寄费由我社承担。邮购地址:北京市丰台区晓月中路29号,邮政编码:100072,联系人:金友,电话:(010)83210681、83210682、83219215、83219217(传真)。